顕浄土真実教行証文類

「証文類」講讃

梯實圓

顕浄土真実教行証文類「証文類」講讃

梯　實圓

目次

二　還相回向釈

※『浄土真宗聖典（註釈版）第二版』は『註釈版聖典』、『註釈版聖典（七祖篇）註釈版』は『註釈版聖典（七祖篇）』、『浄土真宗聖典（原典版）』は『原典版聖典』と略記しております。

はじめに

平成二十六年の正月、大阪津村別院発行の『御堂さん』年頭法話の中で、父・實圓は「今年の計画」として次の三つのことを挙げています。

①親鸞聖人の主著『顕浄土真実教行証文類』の「証文類」と「真仏土文類」、それに「化身土文類」の後半部分の講讃を完成させたい。

②長年『一味』（一味出版部）に連載してきた『親鸞聖人の生涯』を、少し改めたうえで、さらに聖人の主な著作のご紹介を付加して一冊にまとめて出版したい。

③最近十数年間、各種の学術誌に掲載した論文を総点検し、『浄土教学の諸問題』の続編を出版したい。

半年後に亡くなる人のものとは思えない壮大な計画です。しかし三つの計画は、一つも成し遂げられることなく、父はその年の五月七日に亡くなりました。

ただ、どの計画もすでに準備が進められていたようです。それを引き継いでご尽力くださったのは、行信教校の先生方、御同行の皆様です。

まず平成二十八年三月、③の目標が達成され、論文集『親鸞教学の特色と展開』が法藏館から刊行されました。次いで同年五月、②の目標が、『親鸞聖人の生涯』として結実し、やはり法藏館から刊行されました。

ところが①は、なかなか達成できませんでした。父は『教行証文類』の講讃として、平成十六年に本願寺出版社より聖典セミナー『教行信証　教行の巻』を、平成十九年には永田文昌堂より『顕浄土方便化身土文類講讃』を、そして平成二十年には本願寺出版社より聖典セミナー『教行信証　信の巻』を上梓しています。ただし「化身土文類」は前半「真門釈」までで終わっています。ですから①という課題を残していたわけです。

しかし全く手つかずだったわけではありません。父は行信教校において、平成二年度に「証文類」、平成三年度から四年度前期に「真仏土文類」、平成四年度後期から八年度にかけて「化身土文類」を講じ、その全てを先生方が筆録くださっていました。「化身土文類」の講義録も完結しています。それらの中「化身土文類」の前半だけは、平成十九年度安居の講本として、詳細な研究を付けて上梓しています。前掲『顕浄土方便化身土文類講讃』がそれです。そのほかは、膨大なデータをどうすることもできず、遷化より十年が経過しました。

それでも多くの御同行が父のことを忘れずにいてくださり、有り難いことに今般、本願寺出版社から、『教行証文類講讃』の完成を目指そうというお話をいただきました。いよいよ父の最後の目標の実現に向けて、行動を起こすことになったのです。

まず「証文類」講讃の刊行を目指し、講義録作成者のご許可を頂くことから始まりました。校長の天岸浄圓先生にご相談し、関係者のご承諾を頂くことができました。講義の録音を文字に起こし、文書データを作成してくださったのは、森本光慈、芳浦淳、天野建夫、高藤秀善、藤井俊司、行友伸二、南部松見、末永文子、藤澤信照、三原信隆、木村義文、川﨑順正、尾寺俊水、藤谷亜太可、藤井弘道、磯山霊秀の先生方です。また文書を修正し、講義録としての体裁を整えてくださったのは、星野親行、大野孝顕、岡本正徳の先生方です。データの保存をご担当くださったのは、藤井弘道先生です。講義の内容を一言一句漏らすことなく、しかも正確に筆録くださっていました。

私はそのデータを預かり、原稿整理を担当させていただきました。膨大な文書を一冊の本にまとめるため、学生さんの発表や質疑応答の部分、そして直接本論に関係しない話は削除しました。あとは父の言葉を正確に文字にすることに努めました。

本書は「証文類」の文を一節ずつ掲げて講讃してゆくという形をとっています。【本文】として掲げたのは、『浄土真宗聖典（註釈版）』（昭和六十三年、本願寺出版社、以下『註釈版聖典』と略す）所収本の記述です。この本は、『浄土真宗聖典（原典版）』（昭和六十年、本願寺出版部、以下『原典版聖典』と略す）を底本として書き下したものです。

遺漏多々あることと思いますが、それは私の責任です。どうかご指摘ご指導くださいますよう、よろしくお願いいたします。

出版にあたり、本願寺出版社には大変お世話になりました。御礼申し上げます。

令和六年十二月

梯　信暁

一　大証釈

1　果体出願、証果徳相

【本文】

必至滅度《ひっしめつど》の願《がん》
難思議往生《なんじぎおうじょう》

顕浄土真実証文類《けんじょうどしんじつしょうもんるい》　四

愚禿釈親鸞集《ぐとくしゃくしんらんしゅう》

つつしんで真実《しんじつ》の証《しょう》を顕《あらわ》さば、すなはちこれ利他円満《りたえんまん》の妙位《みょうい》、無上涅槃《むじょうねはん》の極果《ごくか》なり。すなはちこれ必至滅度《ひっしめつど》の願《がん》より出《い》でたり。また証大涅槃《しょうだいねはん》の願《がん》と名《な》づくるなり。しかるに煩悩成就《ぼんのうじょうじゅ》の凡夫《ぼんぶ》、生《しょう》死罪濁《じざいじょく》の群萌《ぐんもう》、往相回向《おうそうえこう》の心行《しんぎょう》を獲《う》れば、即《そく》の時《とき》に大乗正定聚《だいじょうしょうじょうじゅ》の数《かず》に入《い》るなり。正定聚《しょうじょうじゅ》に住《じゅう》するがゆゑに、かならず滅度《めつど》に至《いた》る。かならず滅度《めつど》に至《いた》るはすなはちこれ常楽《じょうらく》なり。常楽《じょうらく》はすなはちこれ畢竟寂滅《ひっきょうじゃくめつ》なり。寂滅《じゃくめつ》はすなはちこれ無上涅槃《むじょうねはん》なり。無上涅槃《むじょうねはん》はすなはちこれ無為法身《むいほっしん》なり。無為法身《むいほっしん》はすなはちこれ実相《じっそう》なり。実相《じっそう》はすなはちこれ法性《ほっしょう》なり。法性《ほっしょう》はすなはちこれ真《しん》如《にょ》なり。真如《しんにょ》はすなはちこれ一如《いちにょ》なり。しかれば、弥陀如来《みだにょらい》は如《にょ》より来生《らいしょう》して、報《ほう》・応《おう》・化《け》、種々《しゅじゅ》の身《しん》を示《しめ》し現《げん》じたまふなり。

【講讃】

「証文類」冒頭の記述です。真実証の大意が明かされています。最初に、「必至滅度の願」と標挙されています。

『教行証文類』各巻の冒頭には、それぞれの法義がこの願によって回向成就されているということを示すために、願名を挙げられています。ただし「教文類」には願名がなくて、「大無量寿経」と、真実教そのものが標挙されていました。「行文類」には「諸仏称名の願」と第十七願名を標挙し、「信文類」には「至心信楽の願」と第十八願名を標挙しています。そしてそこに述べられている法義が、細註の形で示されています。

「教文類」ですと、「大無量寿経」という標挙の下に、「真実の教、浄土真宗」と細註されています。『無量寿経』は真実の教法を述べたお経であるから、そこに述べられた法義を「真実の教」と呼び、「浄土真宗」と名づけるのだと、そういう意味を込めて、「真実の教、浄土真宗」と細註されているのです。

「行文類」の場合は、「諸仏称名の願」と第十七願名が標挙され、その第十七願に顕された法義として、「浄土真実の行、選択本願の行」と細註されています。諸仏称名の願に顕された、浄土真実の行、選択本願の行を、「顕浄土真実行文類」として、これからその法義の内容を明かしてゆくのだと、そう示していらっしゃるのです。

「信文類」の場合もそうです。「至心信楽の願」とまず第十八願名が標挙され、その下に「正定聚の機」と註記されています。つまりこの至心信楽の願によって、正定聚の機が成就されてゆくということです。真実信心の行人を正定聚の機と呼ぶ。ここにはそういう法義を顕してゆかれるのです。

さてこの「証文類」では、「必至滅度の願」と第十一願名を標挙し、次いで「難思議往生」と記されています。必至滅度の願に誓われた内容が、難思議往生であるという法義が、ここには示されているわけです。

『無量寿経』第十一願には、国中の人天を正定聚に住せしめ、そして必ず滅度に至らしめると誓われています。その正定聚の方は第十八願の利益として、現生の利益として、すでに「信文類」に明かされました。よって第十一願の持ち前は必至滅度、必ず滅度に至らしめるということ、それこそが第十一願の持ち前です。そしてその滅度に至らしめるような往生、往生が直ちに滅度であるような、そういう往生を難思議往生という言葉で顕されたのです。難思議往生という言葉そのものは、善導大師の『法事讃』に出てくる三往生から取られたものです。『法事讃』には双樹林下《そうじゅりんげ》往生楽《おうじょうらく》・難思往《なんじおう》生楽《じょうらく》・難思議往生楽《なんじぎおうじょうらく》という三種の往生が説かれています（『註釈版聖典（七祖篇）』五一四～五一五頁）。

この三往生を、親鸞聖人は意味を変えまして、双樹林下往生を第十九願の往生、難思往生を第二十願の往生、そして第十八願の往生を難思議往生とされました。六三法門の骨格となった教理です。これは親鸞聖人の独特の解釈でして、『法事讃』では、三往生というのは、往生を色々な形で讃嘆しているだけなのです。「双樹林下往生楽、難思往生楽、難思議往生楽」という三つの言葉で往生の徳を讃仰してます。自力と他力を、十九・二十・十八という三願に配当するものではないのです。三願に真仮を見るのは親鸞聖人だけの特徴です。

親鸞聖人は、「双樹林下往生」を化土の益、化土の往生と見なします。それから「難思往生」を、難思議の「議」の一字が欠けていると見て、未だ第十八願の法義に到達していないということを顕し、そして難思という言葉を残すことによって双樹林下往生よりも第十八願に近い状態を顕していると考えられました。

今、「難思議往生」と言ったのは、第十八願の機の往生、つまり必至滅度であるような往生です。往生が直ちに滅度、完全な煩悩の寂滅、完全に煩悩が寂滅して涅槃の境地に到達する、そういう往生を「難思議往生」と言うのです。

考えてみると、その死が完全な涅槃であるというような死は、釈尊の死を指すものでしょう。「パリニルバーナ（完全な涅槃）」とは、煩悩が寂滅した完全な安らぎという意味で、それは釈尊の臨終を讃えた言葉なのです。煩悩具足の凡夫が死んで、それもたくさんの執着を残して、未練たらたら死んでゆくのに、そんな死が涅槃であるはずがありません。新しい迷いの始まりだと言っても過言ではない、そんな煩悩具足の凡夫の臨終が、直ちに釈尊の入滅に匹敵するような、完全な涅槃であると、そんなことが言える。そういうことを言わせてもらえるのは、第十八願の法義に遇った者の慶びなのだということです。

親鸞聖人は、「臨終一念《りんじゅういちねん》の夕《ゆうべ》、大般涅槃《だいはつねはん》を超証《ちょうしょう》す」（「信文類」、『註釈版聖典』二六四頁）とおっしゃいますけれども、これはもう大変なことだ、人間の思慮分別の及ばない、不可思議の利益であるということで、難思議往生という言葉で讃える。それが真実証の姿なのです。

なお第十一願には正定聚と滅度とが誓ってあるのに、なぜ正定聚の方を現生にし、そして滅度を彼土に、彼土は滅度だけにされたのかということは、次の十一願文の領解の所でお話しすることにいたします。

ともかくそのような法義を明かすために、「必至滅度の願　難思議往生」とおっしゃった。その必至滅度の願に顕された難思議往生を真実証と呼ぶのだということです。これが四番目の章になりますから「四」と言い、例によって「愚禿釈親鸞集」と書かれたのです。

それでは「証文類」の初めの所から読んでゆきます。親鸞聖人御自釈の文です。「つつしんで真実の証を顕さば、すなはちこれ利他円満の妙位、無上涅槃の極果なり」。これは真実証がどういうものかという位取りを述べた言葉です。真実証というのは利他円満の妙位である。如来の利他というのは他力です。如来の他力によって与えられた完全な妙覚の位、つまり仏果のことです。如来より賜った仏果のことです。それが真実証なのです。それを言い替えれば、「無上涅槃の極果」、最高の涅槃、大乗の無住処涅槃の理想を実現した、そういう無上涅槃の究極の果徳、それが真実の証である。そのように真実証の内容を明らかにされたのです。

「すなはちこれ必至滅度の願より出でたり」。第十一願によって回向成就されたものであるということが明かされます。

「また証大涅槃の願と名づくるなり」。この第十一願を、大涅槃を証せしめると誓われた願であると言われ、このように願名を二つ挙げているのです。「必至滅度の願」や「証大涅槃の願」という願名は親鸞聖人独特の願名です。むしろ正定聚の願、あるいは住定聚必至滅度の願というような形で、正定聚を中心にした願名が一般的です。まず正定聚に住してから、究極的には滅度に至らしめるというように第十一願を見るのが一般的だったのです。親鸞聖人はその正定聚を現益とし、滅度だけを当益にまわしてゆくという、独自な第十一願観を確立して、いわゆる往生即成仏ということを第十一願の回向成就と見られたのです。

「しかるに煩悩成就の凡夫、生死罪濁の群萌、往相回向の心行を獲れば、即の時に大乗正定聚の数に入るなり。正定聚に住するがゆゑに、かならず滅度に至る」。これは第十一願の意をもう一度自分流に表現された言葉です。一般には第十一願は浄土に生まれた者が正定聚に住して、そして究極的には滅度に至ると見られていたのを、ここでは、「煩悩成就の凡夫、生死罪濁の群萌」つまり煩悩具足の凡夫であって、その煩悩によって生死の流転を繰り返してゆく罪業深重の私達であっても、「往相回向の心行」を獲得するならば、即時に「大乗正定聚の数に入る」ということを主張されているのです。往相回向の心行を獲得するということは南無阿弥陀仏《なもあみだぶつ》を得ることです。南無というのは信です、阿弥陀仏というのは行です。つまり南無阿弥陀仏を得るということは、心行すなわち信行を獲得するということです。心行と言っても信行と言っても本質的には変わりません。それを第十八願で言いますと、至心・信楽・欲生我国の三心は信であり、乃至十念は行です。その三心十念、これが本願の信行です。それを一句で顕せば南無阿弥陀仏です。その南無阿弥陀仏を得る、あるいは本願の信行、往相回向の心行を獲得する、いずれも同じことです。

「往相回向の心行」とは、阿弥陀仏の本願によって恵み与えられた信心と念仏です。その体は三心十念です。それを一句の法として顕せば南無阿弥陀仏です。これは親鸞聖人がいつもおっしゃる言い方です。要するに第十八願を頂くことです。第十八願の仰せに従うことです。それが信心ですから、第十八願の三心十念を頂くことです。第十八願を頂戴したことを、「往相回向の心行を獲る」と言うのです。その第十八願の心行を頂戴した即時に、即座に時を隔てず日を隔てず、正定聚の位に定まること、それを「即」と言います。即時とは、この場合には時を顕します。本願を信じたその時、その場でという「同時即」です。「即」を同時即の意で使うのが親鸞聖人の特徴です。即得往生の「即」は、経典の上では必ずしもそういう意味ではないのです。経の当分では、「即」という言葉は、上の事柄と下の事柄を必然的な形で結んでいるだけなのです。でも親鸞聖人は「即」を同時にという意味で理解されています。

「即の時に大乗正定聚の数に入るなり」。即時に、つまり信を得たと同時に正定聚の位に定まる、それを定聚に住せしめると第十一願文には誓われている。そう見ていらっしゃいます。正定聚を現生の利益としてこのまま取り切ってしまうのです。

「正定聚に住するがゆゑに、かならず滅度に至る」。この世において正定聚に住しているから、それで命終わる時には必ず滅度に至るのです。これが第十一願の必至滅度、必ず滅度に至らしめるという意味です。この必と言うのは必然ですから、AならばＢであるというような必然的な必ですから、正定聚に住するが故に必ず滅度に至るということです。この場合は正定聚を現益とし、滅度を当益と見て、しかもこれらは因と果の違いはあるけれども、この因果は必然的な関係にあると見られるのです。この世において正定聚に住する者は、彼土において必ず滅度に至る。当来必ず滅度に至る。それを第十一願文には、「国のうちの人天、定聚に住し、かならず滅度に至らずは、正覚を取らじ」と誓われているとご覧になるのです。

この必ず滅度に至るという滅度とは一体何かということで、「かならず滅度に至るはすなはちこれ常楽なり。常楽はすなはちこれ畢竟寂滅なり。寂滅はすなはちこれ無上涅槃なり。無上涅槃はすなはちこれ無為法身なり。無為法身はすなはちこれ実相なり。実相はすなはちこれ法性なり。法性はすなはちこれ真如なり。真如はすなはちこれ一如なり」と、滅度の異名を連ねてゆかれます。様々な異名をもって滅度の内容を知らせようとなさっているのです。

「滅度」とはニルヴァーナの意訳です。ニルヴァーナというのは煩悩の火を吹き消した状態です。煩悩が寂滅して、一切の苦が寂滅した状態だから、それを涅槃の境地と言い、此岸に対して彼岸と呼ぶのです。煩悩の濁流を渡って彼岸に到達した、そんな状態が涅槃です。だから涅槃という言葉を翻訳すれば滅です。滅というのは煩悩の濁流を越えた彼岸に渡った状態です。この「度」というのは、「氵」の付いた「渡」と同じです。渡るという意味です。

次の「常楽」というのは、これも涅槃の徳です。涅槃というのは小乗の行者が考えているような単なる空無な世界ではなくて、それは常住であり、安楽であり、自在であり、清浄である。それが涅槃であるというので、涅槃の四徳という形で、「常・楽・我・浄」と明かしてゆく。「真仏土文類」に、この涅槃の四徳について詳しく説かれていますので、そこでまた言います。今の「常楽」とはそういうことです。

「畢竟寂滅」も涅槃の徳です。寂滅というのは涅槃の漢訳です。畢竟とは究極という意味です。究極の寂滅です。本当の意味で煩悩が寂滅した静けさです。「滅」を「虚しさ」ではなくて「静けさ」と言う所に特徴があるのです。釈尊の死というものを死と表現しないのです。釈尊が死んだとは言わず、涅槃に入られたと言う。その時に無限の静けさを感じさせる。釈尊の死は永遠の静けさを感じさせるような死だったのです。

「無上涅槃」というのは大涅槃です。小乗の涅槃ではないということです。大乗の涅槃というのは無住処涅槃のことです。単なる静けさだけではない、無限の動、躍動を持っている。無限の躍動を内包した涅槃です。無限の躍動を秘めた静けさ、これが大涅槃です。「般若《はんにゃ》によって生死《しょうじ》に住《じゅう》せず、慈悲《じひ》によって涅槃《ねはん》に住《じゅう》せず」（世親造真諦訳『摂大乗論釈』巻十三、『大正蔵』三一、二四七頁中）と言われるような無住処涅槃が、大涅槃、無上涅槃なのです。

「**無為法身**」。これは、「真実智慧無為法身《しんじつちえむいほっしん》」と『浄土論』に出てくる（『註釈版聖典（七祖篇）』三九頁、本書一三五頁）。「摂法身」の徳を顕しています。無為というのは因縁の為作動作を閉じるということです。つまり作られたものではないということです。形作られたものは全て無常なるものです。それが諸行無常の教えです。それに対して作られたものではない、因縁の為作動作を越えているので無為と言うのです。無為とは作るとか作られるとか、知るとか知られるとかという、そういう二元的な対立を完全に越えた無分別智の世界です。無分別智の領域、無分別智そのもの、それを無為法身と言うのです。無為とは有為に対するものです。有為とは消滅変化を繰り返してゆく作られたもの、それに対して無為です。因縁の為作動作を越えた、無分別智のことなのです。

「実相」とは、ものの本当のあり方。真実のあり方。真実の相と言うのだけれども、この場合の相は体に対する相ではありません。体であるような相なのです。「真実なるものの有様」としておきます。私達の虚妄分別が少しも交わらないあり方です。私を中心にして是非、善悪、自他を区別する私の認識を越えて、私と貴方という言葉を使わないで、そういう言葉を越えた、ものの本当のあり方、真実なるあり方、それを実相とか法性とかと言うのです。

そして最後に「真如」「一如」です。要するに、浄土を詳らかにするために「滅度」という言葉を検証し、滅度の異名を集めて、最終的に「真如・一如」という所に帰結されているのです。この真如とか、一如とか、法性とか、実相とか、無為法身とか、あるいは無上涅槃などと言うのは、みな根本無分別智の領域です。本来一なる状況を一如と言うのです。「如」とは、「タター（あるがまま）」ということです。

「しかれば、弥陀如来は如より来生して、報・応・化、種々の身を示し現じたまふなり」。この如なる状況とは、必ず後得智となって、非如なる状況にあるものを如なる状況に導くための活動を行う、それが阿弥陀仏なのだということです。その阿弥陀仏の根元に、阿弥陀仏もそこから出てくるような根元に、我々は帰ってゆく。それを悟りと言うのです。

阿弥陀仏がそこから顕現してきた、その根元、いわゆる一如の状態、根本無分別智の状態。我々が浄土に生まれるということは、そういう状態になることです。したがって阿弥陀仏と同じように、我々もまた報・応・化、種々の身を示現してゆくのです。阿弥陀仏もそこから顕現しているような、その根元に帰り、阿弥陀仏が出現してくるような形で、我々もまた還相してゆくことになります。
これが「真実の証」であると言われているのです。

私と阿弥陀仏とが、救う者と救われる者とが、互いを見ている状態ではない。救う者と救われる者とが一なる状況にある。それが一如の世界です。その一如の世界から救う者が救われる者を救おうとして出てくる。その根元、如来の根元に帰ること、それを弥陀同体の悟りと言うのです。

2　『無量寿経』第十一願、『無量寿如来会』第十一願

【本文】

必至滅度《ひっしめつど》の願文《がんもん》、『大経《だいきょう》』にのたまはく、「たとひわれ仏《ぶつ》を得《え》たらんに、国《くに》のうちの人天《にんでん》、定聚《じょうじゅ》に住《じゅう》し、かならず滅度《めつど》に至《いた》らずは、正覚《しょうがく》を取《と》らじ」と。以上

『無量寿如来会《むりょうじゅにょらいえ》』にのたまはく、「もしわれ成仏《じょうぶつ》せんに、国《くに》のうちの有情《うじょう》、もし決定《けつじょう》して等正覚《とうしょうがく》を成《な》り大涅槃《だいねはん》を証《しょう》せずは、菩提《ぼだい》を取《と》らじ」と。以上

【講讃】

御自釈に続いて、引文です。まず『無量寿経』第十一願文です。経の当分は、「私の国に生まれて来た人・天が、完全な正定聚の位に安立し、必ず後の時に滅度の境地に至ることができないならば、私は正覚を取りません」ということです。本来この願は、正定聚に住せしめることを中心としています。滅度に至るというのは正定聚に住するから必ず滅度に至るという、その必然の結果を言うだけです。問題は正定聚に入るということなのです。浄土に往生したら正定聚に住する。正定聚に住するからやがて必ず滅度に至ると言っているのです。

正定聚とは、必ず仏になることに決定した地位のことです。私の国に生まれてきた者は必ず仏の悟りを完成できるような正定聚の位につけてやろうと言うのです。ですから従来の人師はみなこの願を「入正定聚の願」とか、あるいは「住定聚必至滅度の願」などと呼びます。

「国のうちの人天」というのは、四十八願の中では必ず浄土の人・天を指しています。つまり第十一願は、浄土での正定聚を誓った願なのです。現生において正定聚に住するなどということを言った人は親鸞聖人だけです。

次の引文、『如来会』第十一願文に言う、「国のうちの有情」も、経の当分では、やはり浄土の有情です。**「もし決定して等正覚を成り大涅槃を証せずは、菩提を取らじ」**。この文も、全体としては正定聚を誓っているのです。私の国に生まれてきた者は、決定して等正覚を成り大涅槃を証するような位置にあらしめてゆこうと言うのですから、これは正定聚のことです。

ところが親鸞聖人は、「決定して等正覚を成り」というのを現生の正定聚、それから「大涅槃を証する」というのを往生浄土の利益と見られます。これは破格の見方です。

本来、「等正覚を成る」ということと「大涅槃を証す」ということとは、同じことなのです。等正覚というのは菩提です。阿耨多羅《あのくたら》三藐《さんみゃく》三《さん》菩提《ぼだい》を等正覚と翻訳しているのです。等正覚を成るということが大涅槃を証するということなのです。涅槃を悟る智慧のことを等正覚と言い、その等正覚によって悟られている内容を大涅槃と言うのですから、これは元々は同じことなのです。「等正覚を成る」ということは智慧を完成することです。智慧を完成して完全な涅槃の境地に到達する。そういう境地に決定して入ることができるような地位に住せしめよう、決定して等正覚を成り大涅槃を証するような位置にあらしめようと誓われたのです。

それに対して親鸞聖人は、等正覚を成るということは現生において正定聚に住することだと言われます。なぜ現生において正定聚に住することになるのかというと、それは等正覚というのは等覚の弥勒と同じ位だからです。それで意味を変えてしまうのです。

『如来会』の第十一願文についても、親鸞聖人は、等正覚を成るというのは等覚のことであると見られます。三藐三菩提の訳としての等正覚ではなく、弥勒菩薩の等覚の意であると見るのです。この場合の「等」は殆ど同じ、仏陀の正覚に殆ど同じだけれども全く同じではない。そういう意味で一生補処の菩薩を等覚の菩薩と言うのです。決定して等正覚を成るということは、これは現生において弥勒と同じ境地に達するということです。仏因円満した等覚の菩薩としての位置にあらしめられることを等覚を成ると言うのです。それから当来、この世を終わって浄土に往生した時に大涅槃を証する、つまり滅度を悟ると言います。そのように親鸞聖人は御覧になっている。

そうするとこの「国のうちの有情」というのが難解です。国というのはどうしても浄土を指すとしなければならないのです。そこで親鸞聖人は、浄土において阿弥陀仏の法座に連なっている人達を大会衆とし、その大会衆の数に入ることが浄土の正定聚の位であると見ます。そうすると私達は、この世にありながら、凡夫の位でありながら、念仏を聞いている。念仏を聞いているということは、阿弥陀仏の説法を聞いているということだから、『無量寿経』の法義を聞き、念仏を申している者は、阿弥陀仏の説法の会座に連なっているのと同じ意味を持っているということになります。現生において浄土の聖聚と位を同じくしている、だから大会衆の数に入ると言えるとおっしゃるのです。

この世にあって、煩悩の世界にありながら、阿弥陀仏の眷属となっている念仏者は、それは大会衆の数に入るのだ。「国のうちの有情」と言うのは、浄土の有情に準ずる者を含む。浄土において阿弥陀仏の説法を聴聞している浄土の菩薩と、この世で念仏を申している者とは、基本的には同じ位置にある。だから現生において大会衆の数に入る。そう言い切ってしまわれます。娑婆の念仏者が、浄土の眷属功徳の中に入ってしまう。だからこの「国」というのは浄土ですけれども、我々は穢土にいて浄土の聖聚になるのです。

なぜそんなことが言えるのかというと、『論註』の眷属功徳釈が一つの拠り所となっていることは確かです。『論註』下巻に、「荘厳《しょうごん》眷属《けんぞく》功徳《くどく》成就《じょうじゅ》とは、偈《げ》に〈如来《にょらい》浄華衆《じょうけしゅ》　正覚《しょうがく》華《け》化生《けしょう》〉といへるがゆゑなり。これいかんが不思議《ふしぎ》なる。おほよそこれ雑生《ざっしょう》の世界《せかい》には、もしは胎《たい》、もしは卵《らん》、もしは湿《しつ》、もしは化《け》、眷属《けんぞく》そこばくなり。苦楽万品《くらくまんぼん》なり。雑業《ぞうごう》をもつてのゆゑなり。かの安楽国土《あんらくこくど》はこれ阿弥《あみ》陀《だ》如来《にょらい》正覚《しょうがく》浄華《じょうけ》の化生《けしょう》するところにあらざるはなし。同《どう》一に念仏《ねんぶつ》して別《べつ》の道《みち》なきがゆゑなり。遠《とお》く通《つう》ずるにそれ四海《かい》のうちみな兄弟《きょうだい》たり。眷属無量《けんぞくむりょう》なり。いづくんぞ思議《しぎ》すべきや」（『註釈版聖典（七祖篇）』一二〇頁、本書四五頁参照）という文があります。この文によりますと、浄土の聖衆はみな正覚の華の中に化生するということです。なぜ正覚の蓮華に化生するのかというと、それは同じように念仏したからです。念仏の徳によって如来の正覚華に生まれた、それが浄土の眷属なのです。それで「如来浄華衆　正覚華化生」と言うのです。そのように念仏によって浄土に生まれた方々なのだから、「遠く通ずるにそれ四海のうちみな兄弟たり」、同じ阿弥陀仏の徳を頂いて阿弥陀仏の世界に生まれてゆく者は、すべて阿弥陀仏を共通の親としている兄弟なのだと言われています。そうすると、同一に念仏している穢土の念仏者までも眷属の中に入るかのような説き方に見えるでしょう。

元々は『浄土論』の眷属功徳というのは、浄土への往生者はみな阿弥陀仏の正覚の智慧の華の中に生まれる、阿弥陀仏と同じ智慧の徳を成就している。そういうことを言おうとしているのです。ところが『論註』の釈では、同じように正覚の華の中に生まれるのはなぜかというと、それは同じように念仏をしたからだと言う。そうすると念仏をしてる人は、「遠く通ずるにそれ四海の内みな兄弟なり」ということになる。この四海というのは浄土のことではありません。この世です。娑婆で念仏している者が、阿弥陀仏を共通の親とする兄弟だというのです。「眷属無量なり。いづくんぞ思議すべきや」と、このように眷属功徳を結ばれます。そうすると遠く四海に通ずる念仏の行者はみな兄弟であり、阿弥陀仏の眷属功徳の中に入ってしまう。そのようなことになるわけです。この言葉に触発されていることは確かでしょう。もっともこの言葉一つだけで現生正定聚説が出てくるわけではないのですよ。むしろ現生正定聚説というような思想が形成されてゆく、その中でこういう文が自信を持たせてくれたと言ってよいでしょう。

そういう文がもう一つある。それは善導大師の『観経疏』「玄義分」の文です。親鸞聖人は直接は引用されていないのですけれども、「一には主荘厳《しゅしょうごん》、すなはち阿弥陀仏《あみだぶつ》これなり。二には聖衆荘厳《しょうじゅしょうごん》、すなはち現《げん》にかしこにある衆《しゅう》および十方法界同生《ぼうほうかいどうしょう》のものこれなり」（『註釈版聖典（七祖篇）』三〇三頁）とあります。浄土の聖衆荘厳とは何かという議論です。それは「現にかしこにある」つまり浄土に居る者です。それが浄土の聖聚であることは間違いない。それから「および十方法界同生のもの」、十方法界にあって同じく浄土に生まれてゆく者です。ここに「および」と書いてあるでしょう。「現にかしこにある衆および十方法界同生のもの」と。ですから浄土に居る者だけではなく、十方法界から生ずる者も浄土の聖衆ということになります。そうすると聖衆荘厳とは、あるいは眷属荘厳というのは、彼土だけではなく此土の念仏者までも、聖衆あるいは眷属の中に入るということになるでしょう。

そのようなことが、親鸞聖人の現生正定聚説の支えになっているのです。だけどそれらの文によって初めて到達したというわけではありません。というのはこんな文は誰でも読んでいるのです。誰でも読んでいるけれども、現生正定聚説は親鸞聖人以外は言わない。

一念義の幸西大徳がほんの一言だけ、「入正定聚の一念なり」と言っています。ただそれだけ、一句だけの言葉です。しかし一句残ったとしても、そういうことを言ってる人が親鸞聖人の先輩にいたということですから、同じ思想系統の人だったのだなということは言って良いでしょう。それでも、現生において正定聚に入るなどということは、とても立証できることではなかったのです。だから誰も言わなかった。正定聚というのは聖者ですから。この世にある限り我々は凡夫でしょう。親鸞聖人も、「〈凡夫《ぼんぶ》〉といふは、無明煩悩《むみょうぼんのう》われらが身《み》にみちみちて、欲《よく》もおほく、いかり、はらだち、そねみ、ねたむこころおほくひまなくして、臨終《りんじゅう》の一念《いちねん》にいたるまで、とどまらず、きえず、たえず」（『一念多念文意』、『註釈版聖典』六九三頁）とおっしゃっています。臨終の一念まで、命の終わる最後まで我々は煩悩具足の凡夫であり続ける。聖者ではないのです。聖者でなかったら正定聚ではない。

正定聚とは無漏智を開いた聖者のことです。無漏智を開かなければ正定聚とは呼べない。正定聚と言うからには何らかの形で無漏智が開けていなければならない。そうすると正定聚と言った以上は凡夫ではないと言える所がないといけない。一方では凡夫である、死ぬまで凡夫であると言い続ける。これは動かせない。これを動かしたら親鸞聖人ではなくなってしまう。凡夫であり続けるという一面と、正定聚であるという一面とがあるということです。聖者であるということと凡夫であるということは、正に矛盾してます。そうでしょう。ですから曇鸞大師が、『十住毘婆沙論』にはまるで現生に正定聚・必定の位に入るような説き方がされているが、これは浄土の利益なのだよと、改めておっしゃった。それが『論註』という書物です。それが『論註』の一番最初の言葉なのです。

「つつしみて龍樹菩薩《りゅうじゅぼさつ》の『十住毘婆沙《じゅうびばしゃ》』を案《あん》ずるに、いはく、〈菩薩《ぼさつ》、阿毘跋致《あびばっち》を求《もと》むるに二種《しゅ》の道《どう》あり。一には難行道《なんぎょうどう》、二には易行道《いぎょうどう》なり〉と。〈難行道《なんぎょうどう》〉とは、いはく、五濁《じょく》の世《よ》、無仏《むぶつ》の時《とき》において阿毘跋致《あびばっち》を求《もと》むるを難《なん》とす。この難《なん》にすなはち多途《たず》あり。ほぼ五三をいひて、もつて義《ぎ》の意《こころ》を示《しめ》さん。一には外道《げどう》の相善《しょうぜん》は菩薩《ぼさつ》の法《ほう》を乱《みだ》る。二には声聞《しょうもん》は自利《じり》にして大慈悲《だいじひ》を障《さ》ふ。三には無顧《むこ》の悪人《あくにん》は他《た》の勝徳《しょうとく》を破《やぶ》る。四には顛倒《てんどう》の善果《ぜんか》はよく梵行《ぼんぎょう》を壊《こぼ》つ。五にはただこれ自力《じりき》にして他力《たりき》の持《たも》つなし。かくのごとき等《ら》の事《じ》、目《め》に触《ふ》るるにみなこれなり。たとへば陸路《りくろ》の歩行《ぶぎょう》はすなはち苦《くる》しきがごとし。〈易行道《いぎょうどう》〉とは、いはく、ただ信仏《しんぶつ》の因縁《いんねん》をもつて浄土《じょうど》に生《しょう》ぜんと願《がん》ずれば、仏願力《ぶつがんりき》に乗《じょう》じて、すなはちかの清浄《しょうじょう》の土《ど》に往生《おうじょう》を得《え》、仏力住持《ぶつりきじゅうじ》して、すなはち大乗正定《だいじょうしょうじょう》の聚《じゅ》に入《い》る。正《しょう》定《じょう》はすなはちこれ阿毘跋致《あびばっち》なり。たとへば水路《すいろ》に船《ふね》に乗《じょう》ずればすなはち楽《たの》しきがごとし。この『無量《むりょう》寿経優波提舎《じゅきょううばだいしゃ》』は、けだし上衍《じょうえん》の極致《ごくち》、不退《ふたい》の風航《ふうこう》なるものなり」（『註釈版聖典（七祖篇）』四七～四八頁）。

浄土に往生して、そこで仏力に住持せられて大乗正定聚に入る。この正定聚、それが阿毘跋致なのだ。そこで龍樹菩薩が『十住毘婆沙論』に言われた「阿毘跋致不退転」というのは、浄土において得る利益なのだよと、改めてそれを規定されたのです。『論註』は、『十住毘婆沙論』では曖昧であった不退転というものを、浄土の利益として位置づけたのです。なぜそう位置づけたかというと、不退転地というのは聖者の位だからです。聖者の位であるから、この世において凡夫には成就できない。凡夫は浄土に往生して初めて聖者の位に入ると見られたのです。

一般的な菩薩の地位で言いますと、浄土に往生すれば初地の菩薩に匹敵する。そんな境地に入る。曇鸞大師はそう言われています。だからこの世において正定聚に入るということはどうしても言えない。言ったら浄土教でなくなってしまう。七高僧程の祖師方も、どうしてもこの世で正定聚に入るとは言えなかったのです。それをずばり言ってのけたのが親鸞聖人です。そうするとその矛盾をどうするのかという問題が生じます。

凡夫であってかつ聖者であるというのは、おかしいではないかということです。この矛盾を説明できる思想家など、そうざらには出てこない。ところが親鸞聖人の著述には、我々のことを聖者であると言われた所があります。念仏の行者は凡夫ではないと言い切られた所があるのです。『入出二門偈』です。「煩悩《ぼんのう》を具足《ぐそく》せる凡夫人《ぼんぶにん》、仏願力《ぶつがんりき》によりて信《しん》を獲得《ぎゃくとく》す。この人《ひと》はすなはち凡数《ぼんじゅ》の摂《しょう》にあらず、これは人中《にんちゅう》の分陀利華《ふんだりけ》なり」（『註釈版聖典』五五〇頁）。この「凡数の摂にあらず」というのは、凡夫の数に入らない、凡夫の仲間に入らないということです。それでは何かというと聖者です。「煩悩を具足せる凡夫人」でしょう。煩悩を具足した凡夫であるけれども、仏願力による摂取を得て信を賜った者は、凡夫ではない、人中の白蓮華であると言うのです。この「凡数の摂にあらず」という言葉は、善導大師の『観経疏』「序分義」に出てきます。「序分義」の一番最後です。「もしこの苦《く》を受《う》けざるものは、すなはち凡数《ぼんじゅ》の摂《しょう》にあらず」（『註釈版聖典（七祖篇）』三九三頁）と書いてあります。『観無量寿経』の「五苦所逼」という言葉、五つの苦しみに責められるという文を釈した所です。五苦というのは八苦の中の生・老・病・死の四苦に愛別離苦を合わせたものです。もしこの苦を受けない者があれば、それは凡夫ではない、聖者だと言うのです。六道を超えた者でないと五苦から逃れることはできない。五苦を逃れた者は六道を超えた聖者である。六道を超えた者とは声聞・縁覚・菩薩であり、声聞の場合は初果以上の聖者、菩薩の場合は初地以上の菩薩です。無漏智を起こした聖者です。彼らならばもう苦しみを受けないということで、「凡数の摂にあらず」と言うのです。親鸞聖人は、煩悩を具足する凡夫人が、仏願力による摂取を得て信を賜ったならば、この人は凡夫でありながら凡夫ではないと言うのです。その凡夫でありながら凡夫ではない状態を分陀利華と呼ぶと言い、続いて、「この信《しん》は最勝希有人《さいしょうけうにん》なり、この信《しん》は妙好上上人《みょうこうじょうじょうにん》なり」（前掲『入出二門偈』）と述べています。善導『観経疏』「散善義」に、「分陀利」を説明して、「もし念仏《ねんぶつ》するものは、すなはちこれ人中《にんちゅう》の好人《こうにん》なり、人中《にんちゅう》の妙好人《みょうこうにん》なり、人中《にんちゅう》の上上人《じょうじょうにん》なり、人中《にんちゅう》の希有人《けうにん》なり、人中《にんちゅう》の最勝人《さいしょうにん》なり」（『註釈版聖典（七祖篇）』四九九～五〇〇頁）と言われた、五種の嘉誉の教説を依用されたのですが、親鸞聖人が、凡夫でありながら凡夫でないと言い切られた根拠は、「信」にあります。仏願力によって賜った信が無漏智だからです。信を獲得したということは仏智を得たということであり、生死を超える地位を得たということです。だから凡夫でありながら無漏智を得たと言えるのです。無漏智を得ていながら死ぬまで凡夫である。それが念仏の行者の姿なのです。それを正定聚の機と言います。念仏者は凡夫でありながら仏智を得ている。仏智を得ない凡夫とは違う。菩提を期する心、大菩提心を得ている、そういう意味で普通の凡夫とは違う。凡夫ではあるけれども、確実に如来の本願の秩序の中に入っているということです。阿弥陀仏の眷属として本願の秩序の中に位置付けられている。煩悩具足の凡夫であり、しかも死ぬまで穢土にある、非常に危険な存在であるけれども、阿弥陀仏の摂取不捨の利益にあずかり、そして本願の中に位置付けられている。仏弟子として悟りを完成する者としての位置づけが完了した、そういう存在として念仏者はある。そのようなことで親鸞聖人は、確信をもって現生正定聚ということをおっしゃったのです。祖師方が言わんとして言い切れなかった所を親鸞聖人が言い切られた。それが現生正定聚説だったのです。

3　『無量寿経』第十一願成就、眷属荘厳、『無量寿如来会』第十一願成就

【本文】

願成就《がんじょうじゅ》の文《もん》、『経《きょう》』にのたまはく、「それ衆生《しゅじょう》ありて、かの国《くに》に生《うま》るれば、みなことごとく正定《しょうじょう》の聚《じゅ》に住《じゅう》す。ゆゑはいかん。かの仏国《ぶっこく》のうちにはもろもろの邪聚《じゃじゅ》および不定聚《ふじょうじゅ》なければなり」と。

またのたまはく、「かの仏国土《ぶっこくど》は、清浄安穏《しょうじょうあんのん》にして、微妙快楽《みみょうけらく》なり。無為泥洹《むいないおん》の道《どう》に次《ちか》し。それもろもろの声聞《しょうもん》・菩薩《ぼさつ》・天《てん》・人《にん》、智慧高明《ちえこうみょう》にして、神通洞達《じんずうどうだつ》せり。ことごとく同《おな》じく一類《いちるい》にして、形《かたち》異状《いじょう》なし。ただ余方《よほう》に因順《いんじゅん》するがゆゑに、人天《にんでん》の名《な》あり。顔貌端正《げんみょうたんじょう》にして世《よ》に超《こ》えて希有《けう》なり。容色微妙《ようしきみみょう》にして、天《てん》にあらず人《にん》にあらず。みな自然虚無《じねんこむ》の身《しん》、無極《むごく》の体《たい》を受《う》けたるなり」と。

またのたまはく、「かの国《くに》の衆生《しゅじょう》、もしまさに生《うま》れんもの、みなことごとく無上菩提《むじょうぼだい》を究竟《くきょう》し、涅《ね》槃《はん》の処《ところ》に到《いた》らしめん。なにをもつてのゆゑに。もし邪定聚《じゃじょうじゅ》および不定聚《ふじょうじゅ》は、かの因《いん》を建立《こんりゅう》せることを了知《りょうち》することあたはざるがゆゑなり」と。以上抄要

【講讃】

続いて経文が三つ掲げられています。まず第十一願成就文、『無量寿経』下巻の文です。「それ衆生

ありて、かの国に生るれば」とは、「かの国に生まれた衆生があるならば」ということです。浄土に生まれた者は悉く正定聚に住すということです。それはなぜかというと、浄土の中には諸々の邪定聚や不定聚は存在しないからだ。浄土には邪定聚・不定聚は存在しないから、浄土に生まれた者は、悉く正定聚に住すると説かれているのです。

ところが『一念多念文意』を見ますと、親鸞聖人は第十一願を、「〈それ衆生《しゅじょう》あつて、かの国《くに》に生《うま》れんとするものは、みなことごとく正定《しょうじょう》の聚《じゅ》に住《じゅう》す。ゆゑはいかんとなれば、かの仏国《ぶっこく》のうちにはもろもろの邪聚《じゃじゅ》および不定聚《ふじょうじゅ》はなければなり〉とのたまへり」と読み、さらに、「この二尊《にそん》の御《み》のりをみたてまつるに、〈すなはち往生《おうじょう》す〉とのたまへるは、正定聚《しょうじょうじゅ》の位《くらい》に定《さだ》まるを〈不退転《ふたいてん》に住《じゅう》す〉とはのたまへるなり。この位《くらい》に定《さだ》まりぬれば、かならず無上大涅槃《むじょうだいねはん》にいたるべき身《み》となるがゆゑに……」（『註釈版聖典』六八〇頁）とおっしゃっています。彼の国に生まれようとする者は、みな悉く正定聚に住するということです。未だ生まれていない、浄土に生まれようとする者が、正定聚に住している。それはなぜかというと、諸々の邪定聚・不定聚というような者は、彼の国に生まれることはできないからである。これは親鸞聖人の独特の読み方です。「現生正定聚、当来滅度」という、親鸞聖人によって確認された独自の法義を、この経文の中に読み取ろうとして、それで『一念多念文意』のような読み方をされたのです。したがって『一念多念文意』のような読み方をした上で、この文を解釈しなければなりません。

その次の引文、「またのたまはく、〈かの仏国土は……〉」以下は、『無量寿経』上巻、弥陀果徳、眷属荘厳の文です。彼の阿弥陀仏の世界は、清浄安穏であって、微妙快楽である。無為や泥洹の道に次い。泥洹とは涅槃のことです。「次」という字は、「チカシ」と訓じてありますけれども、意味としては「無為泥洹の道に次ぐ」ということでしょう。無為泥洹に次ぐとは、無為泥洹の如くであるという意味です。「次し」というのは「如し」ということです。涅槃の境地のようだということです。そこでは必ずしも、浄土が直ちに大涅槃の世界だとは言い切っていないのです。無為泥洹の道に次い状態、煩悩が起こらないという意味で、涅槃の境地に非常に近いということです。「次」というのと「同」ということとは違います。全く同じだったら「同」ですが、「次」というのは同じではないのです。同じではないのだけれども同じであるような、煩悩が起こらないということにおいて、浄土は涅槃の境地に非常に近いという言い方をされています。

同じように七宝樹林で荘厳されたような境地であっても、他化自在天は天上界です。あるいは弥勒菩薩の居る兜率天なども、浄土と比べても変わらないような七宝の荘厳の世界です。しかし兜率天等は三界内の世界ですから、未だ煩悩があります。迷いの境界です。しかし阿弥陀仏の浄土は、

「欲《よく》なきがゆゑに欲界《よくかい》にあらず、地居《じこ》なるがゆゑに色界《しきかい》にあらず、色《しき》あるがゆゑに無色界《むしきかい》にあらず」(『大智度論』巻三十八、『大正蔵』二五、三四〇頁上)と言われるように、三界を超えた世界なのです。ただし三界を超えていると言っても、『大智度論』では完全な悟りの世界とは見ていません。たとえば天台宗の立場ですと、見思の惑を断じて三界流転を超えているけれども、未だ学ぶべき無明が沢山残っているから、それをまだ学ばなければならない。学ぶべきことがあるということは無知があることです。無知が沢山ありますから、その無知を一つひとつ克服してゆかなければならない。それが無明を断ずるということです。煩悩は制御できたけれども未だ無明を断じていない。それでその無明を断じてゆく。浄土において断じてゆくのです。だから浄土は初地以上の菩薩が住む報土であると言います。生死の世界に対すれば涅槃の徳に属するが、完全な涅槃ではない。それで「無為泥洹の道にちかし」というような言葉で表現されているのです。それが中国あるいは日本で一般的に理解されていた阿弥陀浄土です。三界を超えた世界である。しかし未だ完全な悟りの境界には入っていない。そのように見られていたのです。

ところが親鸞聖人は「チカシ」と書いているけれども、これは「次如」つまり「次」というのは「如」ということであり、「如」ということは「如同」、つまりは同じだというように意味を展開しまして、泥洹の道そのものである、完全な無為涅槃の境地だと考えていらっしゃる所があります。

無為というのは人間の為作造作を超えるということです。無為に対する言葉は有為です。無為とか自然とかという言葉は、中国の老荘思想の中に出てくるものです。道家の思想に近いのです。『無量寿経』の中には自然という言葉が五十数箇所使ってあります。これはサンスクリット語の原典にはない言葉で、中国の道家で使用された言葉です。老子や荘子に代表される道家の説の中に出てくる、老荘思想のキーワードです。

これを仏教の「涅槃」あるいは「空」に対する「無」に合わせて理解したり、また経典の翻訳に使ったりしたわけです。それが仏教を中国語に翻訳し、理解する時の手がかりとなりました。そのように老荘の説を用いて、仏教の空とか、あるいは涅槃という概念を理解しようとしたことを「格義仏教」と言います。『無量寿経』の古訳に、『大阿弥陀経』や『平等覚経』があります。『大阿弥陀経』『平等覚経』には、自然とか虚無とか無為などという言葉が頻繁に用いられ、それによって仏教の「ニルバーナ（涅槃）」あるいは「シュニャー（空）」という言葉の理解がなされました。そんな影響が『無量寿経』にも残っています。『無量寿経』の中でも特に「自然」という言葉がよく使われるのは、三毒段・五悪段です。三毒段・五悪段というのは元々は『無量寿経』の原本にはなかったもので、『大阿弥陀経』『平等覚経』を参考にしてくっつけたとも言われています。だから三毒段・五悪段の所だけ訳語が変わっていると言うのです。三毒段・五悪段の文は『大阿弥陀経』や『平等覚経』に近いのです。

おそらく三毒段・五悪段というのは、二十四願経にあったか、あるいは二十四願経の一部に手を加えたか、それは今のところ分かりません。確定はできませんが、『無量寿経』の原本にはなかったということは言えそうです。『無量寿経』と非常に近い梵本を翻訳した『無量寿如来会』には、三毒段・五悪段はありません。それから現在残っております梵本にも、それからチベット訳にも、いずれも三毒段・五悪段はありません。だから三毒段・五悪段は、中国で付加されたのかもしれません。ただ二十四願経の二つには、共に三毒段・五悪段がありますので、古い本にはあったのかもしれません。

そういうことで「無為」と言いましても、有為に対する無為とも違い、老荘思想の無為ともちょっと違います。「自然（シゼン、仏教読みはジネン）」にあたるサンスクリット語の言葉もありません。敢えていえば「如（タター）」です。真如の如という言葉を当てればよいかもしれません。インドにはこういう言葉はない。したがってこれは老荘思想の用語だったのが仏教に取り込まれて、そして仏教の中で独自の展開をしたと考えるとよいでしょう。

要するに彼の阿弥陀仏の世界は、一切の煩悩の汚れがなく、清らかな世界であって、したがって少しの動乱もない安らかな穏やかな境界であり、そこは法の楽しみを味わうことのできる微妙快楽の世界であって、それは人間の行為、人間のはからいというものを超えた、涅槃の境界に限りなく近い状態の世界であるということです。親鸞聖人の場合は、無為泥洹の道そのものである、涅槃そのものであると考えていらっしゃったようです。

「それもろもろの声聞・菩薩・天・人」と言うように、この浄土には声聞も菩薩も天も人も、みなあるのです。そういう様々な者が居るけれども、「智慧高明にして」、つまり素晴らしい智慧を持っていて、その智慧は非常に高潔であって、しかも明らかである。「神通洞達せり」とは、六神通が盛んに行われていることです。「ことごとく同じく一類にして」とは、声聞とか菩薩とか天とか人とか、名称は異なるけれども、実はみな一類で同一の内容を持ち、「形異状なし」、つまり形も異なってはいない。声聞も菩薩も天も人も同じ形、そして同じ心なのです。それでなぜ声聞とか菩薩とか天とか人とかと言うのかというと、「ただ余方に因順するがゆゑに、人天の名あり」と説かれています。「因順余方」というのは、因は「よる」、順は「したがう」、他方世界の名称によりしたがって、人・天という名前があるのだと、こういう意味です。

「因順余方」という言葉が、一体どういう意味を持っているのかということは、曇鸞大師の『論註』に説明されています。『論註』では、これは昔の名前を出したのだと言われます。浄土に生まれてくる以前の名前を出したのだと言うのです。

『論註』上巻の大義門功徳釈に、浄土にはどうして声聞とか人・天とかがあるのかということが問題になっています。『浄土論』に、「大乗善根界《だいじょうぜんごんかい》　等無譏嫌名《とうむきげんみょう》　女人及根欠《にょにんぎゅうこんけつ》　二乗種《じょうしゅ》不生《ふしょう》」という有名な言葉が出てきますが、曇鸞大師はそれを釈して、「このゆゑに願《がん》じてのたまはく、〈わが国土《こくど》をしてみなこれ大乗《だいじょう》一味《み》、平等《びょうどう》一味《み》ならしめん。根敗《こんぱい》の種子《しゅし》畢竟《ひっきょう》じて生《しょう》ぜじ、女人《にょにん》・残欠《ざんけつ》の名字《みょうじ》また断《た》たん〉と。このゆゑに〈大乗善根界《だいじょうぜんごんかい》　等無譏嫌名《とうむきげんみょう》　女人及根欠《にょにんぎゅうこんけつ》　二乗種《じょうしゅ》不生《ふしょう》〉といへり」（『註釈版聖典（七祖篇）』七三～七四頁）と述べています。浄土の世界は大乗一味であって全てが大乗の菩薩である。声聞・縁覚とか女人・根欠というようなものは存在しないと言われている。『無量寿経』が成立した頃と、『浄土論』が著された頃とでは、随分開きがありまして、浄土観がそれだけ展開していることが分かります。そこで問いが発せられます。『無量寿経』には、沢山の声聞が居るということが浄土の荘厳の一つとして説かれているではないか。なのになぜ、『浄土論』では声聞・縁覚の二乗が居ないと言うのかと。それに対して曇鸞大師は、「あきらかにこの理《り》を推《すい》するに、阿羅漢《あらかん》すでにいまだ一切《さい》解脱《げだつ》を得《え》ず。かならず生《しょう》ずることあるべし。この人更《ひとかえ》りて三界《がい》に生《しょう》ぜず。三界《がい》のほかに、浄土《じょうど》を除《のぞ》きてまた生処《しょうじょ》なし。ここをもつてただ浄土《じょうど》に生《しょう》ずべし」（同七五頁）と言います。この阿羅漢というのは、小乗では完全な解脱を得た者だけれども、しかし大乗では完全な解脱を得ていると は言われない。完全な解脱を得ていないのだから生死を完全に超えていない。だから生がある。その阿羅漢が生ずべき世界、それが浄土だ。阿羅漢というのは三界に生まれることはない。三界に生まれるべき因である見思の惑は悉く断じたのだから三界には生まれないのです。三界には生まれないけれども、生死を完全に解脱してはいないのだから、未だ生がある。その阿羅漢が生まれる三界を超えた生とは何か。それは浄土の生としか言いようがない。したがって阿羅漢の生まれる世界は浄土しか存在しないのだ。こういう論証をしてゆくのです。

続いて曇鸞大師は、「〈声聞《しょうもん》〉といふがごときは、これ他方《たほう》の声聞来生《しょうもんらいしょう》せるを、本《もと》の名《な》によるがゆゑに称《しょう》して声聞《しょうもん》となす」（同七五頁）と言います。ここで声聞が居ると言ったのは、他方から来生した声聞である。他方世界で声聞であった人が、浄土に生まれて来たので、それで前の名前を付けて声聞というだけで、実は浄土に声聞が居るわけではない。元は声聞であった者が浄土に生まれてからも声聞と言う。そうすると元は人であった者が浄土に生まれたから人と言い、もと天であったのが浄土に生まれたから天と言う。元の名前で呼ぶだけで、実は浄土に生まれた者は、全く一つの大乗の菩薩となる。声聞とか天とか人とかというようなレベルの者は存在しないのだ。それを経には「因順余方」と言う。『論註』には、そう述べられているのです。

「証文類」の解説に戻りましょう。「**顔貌端正にして世に超えて希有なり。容色微妙にして、天にあらず人にあらず。みな自然虚無の身、無極の体を受けたるなり**」。この「自然」というのは、この場合は無為自然という意味で解釈されています。無為のことを自然と言っているのです。虚無というのは実体がない、完全に実体のない空なるものであるということです。「無極の体」というのは極まりがない、つまり無限ということです。全ては実体がない。したがって無限の身である。そういう絶対無限の身を受けているということです。それを親鸞聖人は『浄土和讃』「讃阿弥陀仏偈和讃」に、「安楽声聞《あんらくしょうもん》・菩薩衆《ぼさつしゅ》　人天智慧《にんでんちえ》ほがらかに　身相荘厳《しんそうしょうごん》みなおなじ　他方《たほう》に順《じゅん》じて名《な》をつらぬ」「顔容端正《げんようたんじょう》たぐひなし　精微妙軀《しょうみみょうく》非人天《ひにんでん》　虚無之身《こむししん》無極体《むごくたい》　平等力《びょうどうりき》を帰命《きみょう》せよ」（『註釈版聖典』五六〇頁）と歌われています。

三つ目の引文は、『如来会』の第十一願成就文です。「またのたまはく、〈かの国の衆生、もしまさに生れんもの、みなことごとく無上菩提を究竟し、涅槃の処に到らしめん。なにをもつてのゆゑに。もし邪定聚および不定聚は、かの因を建立せることを了知することあたはざるがゆゑなり〉と。以上抄要」。

彼の浄土に生まれた衆生は、みな悉く無上菩提を究竟し、最高の悟りを極める。ここの無上菩提は、等正覚と同じです。その理由は、「もし邪定聚および不定聚は、かの因を建立することを了知することあたはざるがゆゑなり」ということです。親鸞聖人はこのように読んでいます。このように読みますと「彼の因」とは、阿弥陀仏が、浄土に生まれる因として、私達のために建立してくださった往生の因、つまり第十八願の行信の法のことです。それを建立してくださったということを、明らかにはっきりと知ることができていないから、したがって邪定聚と不定聚は浄土に生まれることはできないのだ、ということになります。

しかし普通は、「了知してかの因を建立すること能はざるがゆゑに」と読むのです。そう読みますと、浄土に生まれる因をはっきりと知って、それを自分が浄土に生まれてゆく因として確立することができていない人が、不定聚であり邪定聚である。だからそのような人たちは浄土に往生することはできないという意味になります。このように読んだ方が漢文としては一般的です。この場合は建立するのは行者なのです。浄土に生まれてゆくのに相応しい因を自分の上に確立することができないから、だからそういう人を邪定聚・不定聚と言い、そういう人は浄土に生まれることはできないのだと。そういう意味に解するのが一般的です。

ところが親鸞聖人は、漢文の読み変えによって、本願のいわれを理解できない者は往生できないと、そう解釈されたのです。

4 『論註』観察体相章（一）妙声功徳、主功徳、眷属功徳

【本文】

『浄土論《じょうどろん》』にいはく、「〈荘厳妙声功徳成就《しょうごんみょうしょうくどくじょうじゅ》〉とは、偈《げ》に、《梵声悟深遠《ぼんしょうごじんのん》　微妙聞十方《みみょうもんじっぽう》》といへるがゆゑに〉と。これいかんぞ不思議《ふしぎ》なるや。経《きょう》にのたまはく、〈もし人《ひと》ただかの国土《こくど》の清浄安楽《しょうじょうあんらく》なるを聞《き》きて、剋念《こくねん》して生《しょう》ぜんと願《がん》ぜんものと、また往生《おうじょう》を得《う》るものとは、すなはち正定聚《しょうじょうじゅ》に入《い》る〉と。これはこれ、国土《こくど》の名字《みょうじ》、仏事《ぶつじ》をなす。いづくんぞ思議《しぎ》すべきやと。

〈荘厳主功徳成就《しょうごんしゅくどくじょうじゅ》〉とは、偈《げ》に、《正覚阿弥陀《しょうがくあみだ》　法王善住持《ほうおうぜんじゅうじ》》といへるがゆゑに〉と。これいかんが不思議《ふしぎ》なるや。正覚《しょうがく》の阿弥陀《あみだ》、不可思議《ふかしぎ》にまします。かの安楽浄土《あんらくじょうど》は正覚阿弥陀《しょうがくあみだ》の善力《ぜんりき》のために住持《じゅうじ》せられたり。いかんが思議《しぎ》することを得《う》べきや。〈住《じゅう》〉は不異不滅《ふいふめつ》に名《な》づく、〈持《じ》〉は不散不失《ふさんふしつ》に名《な》づく。不朽薬《ふきゅうやく》をもつて種子《しゅし》に塗《ぬ》りて、水《みず》に在《お》くに瀾《みだ》れず、火《ひ》に在《お》くに燋《こが》れず。因縁《いんねん》を得《え》てすなはち生《しょう》ずるがごとし。なにをもつてのゆゑに。不朽薬《ふきゅうやく》の力《ちから》なるがゆゑなり。もし人一《ひとひと》たび安楽浄土《あんらくじょうど》に生《しょう》ずれば、後《のち》の時《とき》に意《こころ》に三界《さんがい》に生《うま》れて衆生《しゅじょう》を教化《きょうけ》せんと願《がん》じて、浄土《じょうど》の命《いのち》を捨《す》てて願《がん》に随《したが》ひて生《しょう》を得《え》て、三界雑生《さんがいざつしょう》の火《ひ》のなかに生《うま》るといへども、無上菩提《むじょうぼだい》の種子《しゅし》、畢竟《ひっきょう》じて朽《く》ちず。なにをもつてのゆゑに。正覚阿弥陀《しょうがくあみだ》のよく住持《じゅうじ》を経《ふ》るをもつてのゆゑにと。

〈荘厳眷属功徳《しょうごんけんぞくくどく》 成就《じょうじゅ》とは、偈《げ》に、《如来浄華衆《にょらいじょうけしゅ》 正覚華化生《しょうがくけけしょう》》といへるがゆゑに〉と。これいかんぞ不思議《ふしぎ》なるや。おほよそこれ雑生《ざつしょう》の世界《せかい》には、もしは胎《たい》もしは卵《らん》もしは湿《しつ》もしは化《け》、眷属《けんぞく》そこばくなり。苦楽万品《くらくまんぼん》なり。雑業《ぞうごう》をもつてのゆゑに。かの安楽国土《あんらくこくど》はこれ阿弥陀如来正覚浄華《あみだにょらいしょうがくじょうけ》の化生《けしょう》するところにあらざることなし。同一《どういつ》に念仏《ねんぶつ》して別《べつ》の道《みち》なきがゆゑに。遠《とお》く通《つう》ずるに、それ四海《しかい》のうちみな兄弟《きょうだい》とするなり。眷属無量《けんぞくむりょう》なり。いづくんぞ思議《しぎ》すべきや」と。

【講讃】

経の引用に続いて、曇鸞大師の『論註』の文が掲げられています。ところがここには、「浄土論曰」（『原典版聖典』三八九頁）と書いてある。それは親鸞聖人が、『論註』を『浄土論』と同格に扱っているからです。本来『浄土論』と『論註』とでは格が違うのです。天親菩薩の論と中国の人師の釈とでは格が違います。註釈書だから同じというわけではない。

実際、「行文類」では「論註曰」と書いてあります。「行文類」では、「浄土論曰」として『浄土論』の文が二文、そして「論註曰」として『論註』の文が引いてあって、『浄土論』と『論註』と、名前を変えてあります（『原典版聖典』一九一～一九二頁、『註釈版聖典』一五四頁～）。「信文類」でもそうです。「論註曰」としてある（『原典版聖典』二六七頁、『註釈版聖典』二一四頁）。

　ただし『論註』を引く場合、「行文類」の場合でも、それから「信文類」の場合でも、「論註曰」と、「曰」という字が使われています。「浄土論曰」と同じ「曰」の字が書いてある。親鸞聖人は、経を引く場合は、「言」という字を使って、「○○経にのたまはく」と敬語の訓読をされている。論の場合は「曰」です。「十住毘婆沙論曰」とか「浄土論曰」と、「曰」という字を書いて「いはく」と読みます。この場合は訓は「いはく」です。「のたまはく」ではない。「のたまはく」は経典だけです。論及び釈の場合は全部「いはく」です、敬語は使わない。それで格を変えているのです。それから、中国の人師が著した釈の場合は「云」という字を使います。「云」という字を書いて、これも「いはく」と読みます。それが親鸞聖人の一般的な用例です。

　ただ『論註』に限って、「曰」という字を使われることが多い。「云」という字も使われますが、「曰」が多い。そういう意味で、『論註』だけは、『浄土論』つまり菩薩の論と格を同じくするという意図がうかがわれるのです。それでも「行文類」や「信文類」では、『論註』は『論註』という名前で引いてあります。この「証文類」だけが、『論註』を引くのに「浄土論曰」と言っている。ただし後の方、還相回向釈の所では、「浄土論曰」の後に、「論註曰」としてある（『原典版聖典』三九五頁、『註釈版聖典』三一三頁）。『浄土論』と『論註』とを区別しています。

　ともかく「証文類」のこの箇所は、「浄土論曰」として『論註』を引いている。それは『論註』と『浄土論』とを一体化し、両書を同格に見ているためです。なぜかと言うと、『論註』の釈を通さないと『浄土論』の意味が分からないからです。『高僧和讃』に、「天親菩薩《てんじんぼさつ》のみことをも　鸞師《らんし》ときのべたまはずは　他力広大威徳《たりきこうだいいとく》の　心行《しんぎょう》いかでかさとらまし」(『註釈版聖典』五八三頁)という歌があります。天親菩薩の『浄土論』も、曇鸞大師がその心を説き述べられなかったならば、あの『浄土論』が他力広大威徳の心行を明かした、つまり五念門行の徳を内に持つ広大無礙の一心の徳相を明かした書物であるということは分からないとおっしゃるのです。『論註』を通して初めて『浄土論』が分かる。だから『論註』と『浄土論』とを同格に見られるのです。だから『論註』を引いて、「浄土論曰」と書いてあるのです。それから普通、釈の場合は「云」という字を使って「いはく」と読むのですが、ここでは「曰」という字を使われている。菩薩の論と同格に見ていることを明かしています。

それでは引文を読んでゆきます。『論註』下巻、観察体相章の文で、妙声功徳・主功徳・眷属功徳の三節が引用されています。国土荘厳十七種功徳の中の三つです。

初めに、荘厳妙声功徳成就の釈文です。「〈荘厳妙声功徳成就とは、偈に、《梵声悟深遠　微妙聞十方》といへるがゆゑに〉と」。ここまでは『浄土論』の文です。続いて、「これいかんぞ不思議なるや。経にのたまはく、〈もし人ただかの国土の清浄安楽なるを聞きて、剋念して生ぜんと願ぜんものと、また往生を得るものとは、すなはち正定聚に入る〉と。これはこれ、国土の名字、仏事をなす。いづくんぞ思議すべきやと」。これが『論註』の釈です。

「荘厳妙声功徳成就」の「妙声」とは素晴らしい声、声というのは名前です、名字です。ここでは国土の名字と書いてありますが、名号と言っても同じです。南無阿弥陀仏というのが阿弥陀仏の名号、安楽世界というのが浄土の名号です。ここでは浄土の名号、安楽世界という浄土の名号を中心にしています。

もちろん身土不二ですから浄土の名号と阿弥陀仏の名号とは一つです。『論註』はこの名号を、「方《ほう》便荘厳真実清浄無量《べんしょうごんしんじつしょうじょうむりょう》の功徳《くどく》の名号《みょうごう》」（『註釈版聖典（七祖篇）』九七頁）というような言葉で顕しまして、国土荘厳十七種、仏荘厳八種、菩薩荘厳四種の三厳二十九種の荘厳功徳は、全て南無阿弥陀仏という名号におさめてあると言います。南無阿弥陀仏という名号は、阿弥陀仏の名であり、同時に国土荘厳の徳を顕す名号である。逆に安楽世界、あるいは安養とか極楽とかという阿弥陀仏の浄土の名号は、そのまま南無阿弥陀仏という名号のことでもあると言うのです。国土の名号と仏の名号とが相即しています。だから「妙声」と言う時には、南無阿弥陀仏という名号が響き、そこに込められた国土荘厳の素晴らしい功徳が働いているということなのです。清らかな仏の悟りの領域から出た清らかな声・言葉が、人々に悟りを与えてゆく深遠微妙なる働きを持っているということなのです。

『浄土論』の偈に、「梵声悟深遠微妙聞十方」と説かれているのがそれだと言います。「梵声」というのは清らかな声です。「梵声の悟り深遠微妙にして十方に聞こゆ」と、親鸞聖人は読んでいらっしゃる。ここは、「梵声悟らしむること深遠微妙にして十方に聞こゆ」と読んだ方が『論註』の釈意に近い。『論註』はこの「悟」という字を「悟り」ではなくて「悟らせる」という意味に解しています。この後に、「国土の名字仏事をなす」、名号が仏の働きをする、利他の働きをすると言っています。人々を悟らせる働きをしていると言うのです。だから、「梵声悟らしむること深遠微妙にして十方に聞こゆ」と読んだ方が『論註』の意に近いのです。清らかな仏の悟りの領域から出た清らかな声・言葉は、人々に悟りを与えてゆく深遠微妙なる働きを持っている。「深遠」というのは深く遠くです。「微妙」については、『論註』上巻に、「有《う》を出《い》でてしかうして有《う》なるを微《み》といふ。名《な》よく開悟《かいご》せしむるを妙《みょう》といふ」（『註釈版聖典（七祖篇）』七〇頁）とあります。「有を出でて」とは、三有（三界）を出ること、「しかうして有なる」とは、形を超えた形が浄土の形であるということです。「妙」とは、名前をもって人々に悟りを開かせることだと言います。迷いを超えた無相の世界を相で顕し、言葉を超えた世界を言葉で顕した。その言葉が人々に悟りを開かせてゆくということです。そのようなことが仏教の言語論の特徴をなしています。

迷いを超えた悟りの世界から届いてきた言葉、その言葉は深く遠く、「深く」とはどんな煩悩の底までもその言葉は届く、「遠く」とは十方の世界にくまなく響きわたるということです。そして迷いを超えた世界、悟りの世界というものを人々に告げ知らせ悟らしめてゆく。そういう言葉が十方世界に響きわたっているということです。それが『論註』の見解です。

これは曇鸞大師の浄土観を味わう時に非常に重要な考え方です。浄土が言葉化している。その浄土の言葉を領解する。それによって悟りを開かしめられる。『浄土論』の言葉はそんな言葉です。曇鸞大師はこの言葉に非常に深い意味を味わっていらっしゃるのです。

次に進みます。「これいかんぞ不思議なるや」。それがどうして不思議なのだと問うているのです。これは『論註』下巻の釈ですが、『論註』上巻では、「仏本なんがゆゑぞこの願を起したまへる」という言葉で註釈が始まります。つまり三種荘厳二十九種を註釈する時、『論註』上巻は、なぜこの荘厳を仏は起こされたのかと問うて、その浄土荘厳の願心を追求してゆくのです。こういういわれでこの願いを起こし、こういう荘厳を打ち立てようという願いを起こし、その願いが成就してこの荘厳功徳成就としての浄土が完成したのであるというように、因果対望して願心を追求する。これが上巻の顕し方です。

下巻は逆です。下巻ではすでに建立された浄土について、その浄土の不可思議功徳を讃嘆するという形をとります。だから下巻の釈は、「これいかんぞ不思議なるや」という言葉で始まります。どうしてこれが不可思議と言えるのかと問うのです。どうしてこれが不可思議と言えるのかを註釈して、最後に、「いづくんぞ思議すべきや」、どうして思議することができようかという言葉で終わってるのです。これで浄土の世界が不可思議な世界であること、人間の思議を超えた、言葉を超えた不可思議な世界であるということを顕しています。

つまり浄土は思議を超えた世界を思議できるように言葉で顕し、その言葉を通して思議を超えた世界を味わってゆく。それが浄土の味わい方だというので、下巻では不可思議力を完成した状態を顕しているのです。「成就如是功徳荘厳」という、あの『阿弥陀経』の「功徳荘厳」という言葉は、実はこのことを顕していると言えるのです。

さてこの「梵声悟深遠微妙聞十方」がどうして不可思議なのか。それは、「もし人ただかの国土の清浄安楽なるを聞きて、剋念して生ぜんと願ぜんものと、また往生を得るものとは、すなはち正定聚に入る」と経に説かれているからです。『無量寿経』下巻の第十八願成就文や、『平等覚経』『大阿弥陀経』等の取意文だと言われています。極楽が清浄安楽なる世界だということを聞いて、その次、普通は、「剋念して生ぜんと願ずれば、また往生を得て、すなはち正定聚に入る」と読みます。それが『論註』の当分です。それを親鸞聖人は読み変えています。「剋念して生ぜんと願ぜんものと、また往生を得るものとは」と、二つに分けます。浄土を願生するものと、そして浄土に往生したもの、いずれも正定聚に住すと読まれたのです。しかしこれは親鸞聖人の独特の読み方であって、本来はこういう読み方はできません。『論註』の文脈から見ても、こういう読み方はできないのです。『論註』は正定聚を彼土の益としています。それが『論註』の特徴なのです。

浄土の清浄安楽なることを聞いて、そして「剋念」とは念いを刻むということですから、「念々」と同意です。幾たびも幾たびも思うということです。幾たびも浄土を思って、その浄土に生まれると願う者は、浄土に往生することを得て、すなわち正定聚に住するということです。これが『論註』の読み方です。

それを親鸞聖人は敢えて、此土の益としての正定聚もあるということを顕すために、『論註』の文を読み変えたのです。なぜこのような読み変えができるのかというと、実は後に出てくる眷属功徳の所に、「遠く通ずるに、それ四海のうちみな兄弟とするなり。眷属無量なり。いづくんぞ思議すべきや」とある、その言葉によって、此土において念仏する者は浄土の眷属であると理解できる、この文が拠り所になっているのです。これによって現生において如来の眷属となり、その如来の眷属になることを『浄土論』『論註』は、大会衆の数に入ると言うのだと、親鸞聖人はそう考えられたのです。

次の還相回向釈の中に引用されるのですが、五功徳門の中で、近門と大会衆門と正定聚という、いずれも浄土における利益ですが、その近門と大会衆門とは何かと言うと、それは如来の眷属になることです。浄土に生まれて、そして大会衆というのは阿弥陀仏の法座に連なって法話を聴聞すること。それが如来の眷属です。それは浄土における眷属だけではない。「遠く通ずるに、それ四海のうちみな兄弟とするなり。眷属無量なり。いづくんぞ思議すべきや」と言うように、この眷属は十方世界の念仏の衆生をも含むのだ。その大会衆を、『論註』では「正定聚」と言っているから、だからこの世における念仏の行者も大会衆の数に入り、そして正定聚に住する。如来の眷属として正定聚に住する者であるということが言えるのだ。そういう論理によって、親鸞聖人はこの文を読み変えたのです。

『論註』の釈に戻ります。「これはこれ、国土の名字、仏事をなす。いづくんぞ思議すべきやと」。これは国土の名字、清浄安楽国というその言葉が仏事を行うということだと言います。仏事とは仏の仕事です。それは何か、自利利他の行・徳です。ここでは利他の行です。衆生をして浄土を願生せしめる。そして正定聚に住せしめるという仏のなすべき仕事を、国土の名字が行っているということです。これによって浄土というのは言葉となって人々を救うことが分かります。浄土は言葉なのです。浄土を実体的に見ようとしないことです。実体的に見ようとすれば分からなくなります。浄土は言葉なのです。それは無分別智の世界なのですから。しかしその分別を超えた世界を言葉で顕します。それが経典に書かれた浄土の荘厳相なのです。その言葉が利他の働きをなす。「いづくんぞ思議すべきや」。どうして思議することができようか、思いはからうことはできない。それを妙声功徳成就と名づけると言うのです。

次に「荘厳主功徳成就」です。主とは主人公。浄土の主人です。主というのは客に対する、あるいは伴に対する。中心になるものを主と言います。「〈荘厳主功徳成就とは、偈に、《正覚阿弥陀　法王善住持》といへるがゆゑに〉と」。荘厳主功徳成就とは、『浄土論』の偈に、「完全な悟りを開かれた阿弥陀如来がしっかりと支えていらっしゃる」と説かれていることを言う。ここまでが『浄土論』の文です。

「これいかんが不思議なるや」以下が『論註』の釈です。それがどうして不思議なのか。それは、「正覚の阿弥陀、不可思議にまします」。正覚を開かれた阿弥陀仏の徳は不可思議である。「かの安楽浄土は正覚阿弥陀の善力のために住持せられたり」。浄土は正覚阿弥陀仏が完成された善力に支えられている。「善力」は善根力のことです。第三の性功徳の所に、「正道大慈悲出世善根生」とあります。つまり一切の迷いを離れた出世間の善根によって完成された世界、それが浄土なのです。その出世間の善根とは、阿弥陀仏の智慧と慈悲です。それが出世の善、無漏の善です。その無漏の善によって支えられた、その無漏の善根が完成した世界が浄土ですから、阿弥陀仏の善根力によって住持せられているのです。それは人間の思議を超えていると述べられています。

「住持」について、「〈住〉は不異不滅に名づく、〈持〉は不散不失に名づく」と言います。生滅変化せしめないことを「住」、散失しないようにしっかりと保っていることを「持」と言う。それを「不朽薬」に譬えています。

「もし人一たび安楽浄土に生ずれば、後の時に意に三界に生れて衆生を教化せんと願じて、浄土の命を捨てて願に随ひて生を得て、三界雑生の火のなかに生るといへども、無上菩提の種子、畢竟じて朽ちず。なにをもってのゆゑに。正覚阿弥陀のよく住持を経るをもってのゆゑにと」。たとえば浄土に生まれた者は三界に出て行って衆生を教化しようとして浄土の命を捨てて、三界の命を受ける。欲界・色界・無色界の命を受けて、そこで願のままに三界雑生の火の中に生まれたとしても、その人の完成すべき無上菩提の種子つまり「菩提心」は決して朽ちることがない。なぜかというと、この人は正覚阿弥陀仏によってしっかりと住持されているからだ。この人の菩提心は阿弥陀仏によって住持されているから、たとえ地獄の炎の中に生まれても、菩提心の種は決して砕けることはないと言うのです。もっともここでは、浄土の命を捨てて、願に随って生を得てと書いてありますが、これは少し誇張されています。この人自身はそんなことを思ってはいないはずです。浄土に在りながら身を十方世界に現じるのです。これが後に不動而至・一念遍至という言葉で菩薩の徳として顕されていますから、それを見れば、浄土で死んで、そして迷いの世界に生まれるということではないのです。ないのだけれども誇張して、菩提心の種子は朽ちないということを強調しているのです。

次に「荘厳眷属功徳成就」です。「〈荘厳眷属功徳成就とは、偈に、《如来浄華衆　正覚華化生》といへるがゆゑに〉と」。荘厳眷属功徳成就とは、『浄土論』に、「如来浄華の衆は正覚の華より化生す」と説かれていることを言う。眷属というのは仏に所属している者という意味です。ここまでが『浄土論』です。

次に『論註』の釈です。それがなぜ不思議なのか。それは、「おほよそこれ雑生の世界には、もしは胎もしは卵もしは湿もしは化、眷属そこばくなり。苦楽万品なり。雑業をもつてのゆゑに。かの安楽国土はこれ阿弥陀如来正覚浄華の化生するところにあらざることなし。同一に念仏して別の道なきがゆゑに。遠く通ずるに、それ四海のうちみな兄弟とするなり。眷属無量なり」だからだと言うのです。

胎・卵・湿・化とは、迷いの世界の生まれ方です。それに対して浄土の菩薩は、全て阿弥陀仏の正覚の華の中から化生してくる。同一に念仏して別の道はない。だから同じ一つの正覚の華の中に生ずるのです。同じ念仏をしている者は、たとえどんなに遠く離れていても浄土の眷属となる。同じ正覚の華に生ずべき存在であるから、未だ生じてはいないけれども、浄土の眷属となることができるのです。だから浄土の眷属は浄土の菩薩だけではない。十方世界の念仏者も浄土の眷属となることができる。そんなことはとても人間が思議できることではないと言うのです。この文は、親鸞聖人が現生正定聚を主張する根拠の一つだと言えます。

5　『論註』観察体相章（二）大義門功徳、清浄功徳

【本文】

またいはく、「往生《おうじょう》を願《ねが》ふもの、本《もと》はすなはち三三《さんざん》の品《ほん》なれども、いまは一二《いちに》の殊《しゅ》なし。また淄《し》澠《じょう》の一味《いちみ》なるがごとし。いづくんぞ思議《しぎ》すべきや」と。

また『論《ろん》』にいはく、「〈荘厳《しょうごん》清浄《しょうじょう》功徳《くどく》成就《じょうじゅ》〉とは、偈《げ》に、《観彼世界相《かんぴせかいそう》　勝過三界道《しょうがさんがいどう》》といへるがゆゑに〉と。これいかんぞ不思議《ふしぎ》なるや。凡夫人《ぼんぶにん》の煩悩成就《ぼんのうじょうじゅ》せるありて、またかの浄土《じょうど》に生《しょう》ずることを得《う》れば、三界《さんがい》の繋業畢竟《けごうひっきょう》じて牽《ひ》かず。すなはちこれ煩悩《ぼんのう》を断《だん》ぜずして涅槃分《ねはんぶん》を得《う》。いづくんぞ思《し》議《ぎ》すべきや」と。以上抄要

【講讃】

続いて『論註』下巻の文が二つ引用されています。

初めは、観察体相章、国土荘厳の第十六大義門功徳の釈文の一部です。大義門功徳とは、浄土は大乗の世界であるということを顕しています。「大義門」とは「大乗界」ということです。大乗の法義がそこに顕現している世界であって、そこには小乗の聖者は全く居ない。人も天も居ない。すべ

て大乗の菩薩ばかりだ。それが大義門功徳です。その釈文の一番最後の所に、「往生を願ふもの、本はすなはち三三の品なれども……」と言う。この「本」は「因本」という意味で、因位の時、つまりこの娑婆にいる時ということです。娑婆に居る時は、三掛ける三、つまり九品の区別がある、ということだと考えられています。娑婆に居る時は九品の違いがあるけれども、浄土に往生したら「一二の殊なし」ということは、平等一相である。それはちょうど「淄澠の一味」なるが如くである。淄澠というのは淄川と澠川です。どちらも中国の山東省にある川で、水の味が違うのだそうです。その淄川も澠川も海に流れ入れば一つの味になる。そういう譬えとして「淄澠の一味なるが如し」と言ったのです。

さてここの「またいはく」は、「又言」と、「言」という字が使われています（『原典版聖典』三九一頁）。これは例外です。先程言いましたように、親鸞聖人は『論註』を引く時、『浄土論』と同じように「曰」という字を使うことが多いのですが、ここは例外です。この部分は一番最初の頃の字体で書かれていますので、その頃はまだそれ程厳格に考えていなかったのかもしれません。ちなみに次の引文の、「また『論』にいはく」は、「又論曰」と書かれています（『原典版聖典』三九一頁）。『論註』を引きながら、「論曰」と言うのです。

では次の引文に進みましょう。『論註』下巻、観察体相章、清浄功徳釈の文です。まず『浄土論』の文を掲げます。清浄功徳の「清浄」とは、煩悩の汚れが少しもないということで、清らかな涅槃の境界であるということです。涅槃の徳が完成している。それはどういうことかというと、『浄土論』の偈に、「観彼世界相勝過三界道」とあるのがそれだと言います。安楽世界の相を見るに、三界の道、つまり迷いの境界を超え勝れているということです。「過」は、ここでは「勝」、すぐれているという意味です。迷いの境界を超えた勝れた徳が成就している。それが悟りの境界、つまり涅槃の境界であると言うのです。ただそれだけならば、浄土が涅槃の境界で、清らかな世界だというだけですが、それだけではなくて、自ら清らかな浄土の世界は、それに触れる者も全て浄化してゆく徳を持っている。だから浄土に往生した者は、全てその涅槃の徳を完成せしめられる。煩悩も浄化されて涅槃の徳を完成せしめられる。そういう素晴らしい働きがあるから、それで浄土は不可思議力を成就していると言うのです。

「これいかんぞ不思議なるや」以下が、この文に対する『論註』の釈です。これがなぜ不思議であるのかという理由を述べています。**「凡夫人の煩悩成就せるありて、またかの浄土に生ずることを得れば、三界の繋業畢竟じて牽かず。すなはちこれ煩悩を断ぜずして涅槃分を得。いづくんぞ思議すべきや」**。凡夫が具《そな》える煩悩というのは、彼をこの三界に繋ぎ止めておく力を持っている。だからそれを三界の繋業と言うのです。ところが煩悩を具えた凡夫が浄土に往生することができたならば、三界の繋業が全て断ち切られて、二度と再び三界の果報を牽くことがない。三界の果報を牽くしかない悪業を積んできた人間が、その悪業の報いを受けずに浄土に往生して、そして浄土で涅槃の悟りを得る。それを「煩悩を断ぜずして涅槃分を得」と言うのです。自分では煩悩を断ずることができないのに、浄土に生まれて涅槃分を得るのです。

この「涅槃分」の「分」に二つの意味があります。「分斉」という意味と、「分位」という意味です。「分斉」の場合は、涅槃の領域、迷いの領域に対する悟りの領域を顕します。だから「涅槃分を得」とは涅槃の領域に入ったということです。煩悩具足の凡夫が本願力によるが故に涅槃の領域に入ったということです。

それに対して「分位」という場合には、涅槃の領域の中で究極の涅槃ではなくて、涅槃の領域の一番最初の位という意味になります。悟りの境界に階位を立て、因果の階位に違いがあり、その因位に十地の差異を見る。一般的な立場から言えば涅槃分とは涅槃の分位ということで十地の初地の位を言うのです。煩悩具足の凡夫が浄土に往生したら、まず初地の位に入る。無漏智を発して三界の見思の惑を打ち破った時に開かれてゆく領域です。無漏智を発して見惑・思惑を打ち破った。それによって三界を超え、初地の位に入るのです。その初地の菩薩に開かれてゆくのが後に言う報土です。三身・三土で言いますと報身・報土です。その位のことを涅槃分と言うのです。初地不退転の位だから、「煩悩を断ぜずして涅槃分を得る」ということが言えるのです。『論註』はどちらの立場かというと、「分位」の方でしょう。

この言葉は、親鸞聖人が「正信偈」に用いて、「不断煩悩得涅槃」とおっしゃいます。それを自ら『尊号真像銘文』に釈して、「〈不断煩悩得涅槃《ふだんぼんのうとくねはん》〉といふは、〈不断煩悩《ふだんぼんのう》〉は煩悩《ぼんのう》をたちすてずしてといふ。〈得涅槃《とくねはん》〉と申《もう》すは、無上大涅槃《むじょうだいねはん》をさとるをうるとしるべし」（『註釈版聖典』六七二頁）と述べられています。無上大涅槃を悟ることを得ると言いますが、これはこの世において無上涅槃を悟るわけではないのです。無上涅槃を得ることに定まっているという意味です。というのは、その前の所に「〈能発一念喜愛心《ほついちねんきあいしん》〉といふは、〈能《のう》〉はよくといふ。〈発《ほつ》〉はおこすといふ、ひらくといふ。〈一念喜愛心《いちねんきあいしん》〉は一念慶喜《いちねんきょうき》の真実信心《しんじつしんじん》よくひらけ、かならず本願《ほんがん》の実報土《じっぽうど》に生《うま》るとしるべし。慶喜《きょうき》といふは、信《しん》をえてのちよろこぶこころをいふなり」と言われています。信心が開かれた者は本願の真実報土に生まれることに決定している。真実報土に生まれた者は無上涅槃を悟ることに決定している。それを、「不断煩悩得涅槃」と言うのです。したがってここでは、涅槃の「分位」ではなくて、涅槃を得る「分斉」に決定しているという意味です。ただし涅槃を得るのは往生の後です。

ちなみに蓮如上人は『正信偈大意』の中で、「〈不断煩悩得涅槃《ふだんぼんのうとくねはん》〉といふは、願力《がんりき》の不思議《ふしぎ》なるがゆゑに、わが身《み》には煩悩《ぼんのう》を断《だん》ぜざれども、仏《ぶっ》のかたよりはつひに涅槃《ねはん》にいたるべき分《ぶん》に定《さだ》まるものなり」（『註釈版聖典』一〇二七頁）と釈されています。この場合は「分位」です。現生において正定聚不退転に住することを、「不断煩悩得涅槃」と言うと見られたのです。

元々この「不断煩悩得涅槃」という言葉は、『維摩経』弟子品に出ています（『大正蔵』一四、五三九頁下）。維摩居士が舎利弗を誡めた言葉なのです。舎利弗が山の中の静かな所で座禅を行じていました。そこへ維摩居士がやって来て、「お前は何をしているのだ」と訊ねた。舎利弗は、「ここで修行しているのだ。宴坐（座禅）を行じているのだ」と答えた。そうしたら維摩居士は、「こんな静かな所で、何の刺激もない所で、煩悩が起こらなくなったからといって、煩悩がなくなったと思うな。本当の修行はこの日常の生活の中で、煩悩の渦巻いているその中で心が微動だにもしない、毀誉褒貶を離れて心が微動だにもしないということ、それが本当の意味の不動心、いわゆる宴坐の境地に入るということである」と言ったのです。そこに、「煩悩を断ぜずして涅槃に入る、これを宴坐となす」という言葉があります。

『論註』の当分は、浄土に往生すれば涅槃の分位に定まる。つまり、煩悩具足の凡夫も浄土に往生すれば初地の位に定まる、そして三界を完全に超越するということを言っているのです。親鸞聖人の場合は、浄土に往生すれば確実に阿弥陀仏と同じ無上涅槃を悟ると言われています。その点で意味が異なります。親鸞聖人の場合は涅槃分は分斉ということ、さとりの境界ということです。『論註』の場合は分位の意味です。

6　『安楽集』二尊比校

【本文】

『安楽集《あんらくしゅう》』にいはく、「しかるに、二仏《にぶつ》の神力《じんりき》また斉等《さいとう》なるべし。ただし釈迦如来《しゃかにょらい》おのれが能《のう》を申《の》べずして、ことさらにかの長《ちょう》ぜるを顕《あらわ》したまふことは、一切衆生《いっさいしゅじょう》をして斉《ひと》しく帰《き》せざることなからしめんと欲《おぼ》してなり。このゆゑに釈迦《しゃか》、処々《しょしょ》に嘆帰《たんき》せしめたまへり。すべからくこの意《こころ》を知《し》るべしとなり。このゆゑに、曇鸞法師《どんらんほっし》の正意《しょうい》、西《にし》に帰《き》するがゆゑに、『大経《だいきょう》』に傍《そ》へて奉讃《ぶさん》していはく、〈安楽《あんらく》の声聞《しょうもん》・菩薩衆《ぼさつしゅ》、人天《にんでん》、智慧《ちえ》ことごとく洞達《どうだつ》せり。身相荘厳殊異《しんそうしょうごんしゅい》なし。ただ他方《たほう》に順《じゅん》ずるがゆゑに名《な》を列《つら》ぬ。顔容端正《げんようたんじょう》にして比《たくら》ぶべきなし。精微妙軀《しょうみみょうく》にして人天《にんでん》にあらず。虚無《こむ》の身《しん》、無極《むごく》の体《たい》なり。このゆゑに平等力《びょうどうりき》を頂礼《ちょうらい》したてまつる〉」と。以上

【講讃】

次に『安楽集』下巻、第八大門、二尊比校からの引文です。「しかるに、二仏の神力また斉等なるべし」。釈迦・弥陀二尊の「神力」というのは不可思議力です。人間の思議を超えた仏の働きは斉等、つまり等しいということです。仏仏斉等です。仏と仏とは、その徳は根元的に等しい。

「ただし釈迦如来おのれが能を申べずして、ことさらにかの長ぜるを顕したまふことは、一切衆生をして斉しく帰せざることなからしめんと欲してなり」。けれども釈尊は、一切衆生を阿弥陀仏に帰せしめようと思し召して、己の能を隠して阿弥陀仏の素晴らしい徳を説き顕された。これが釈尊の発遣の相です。

「このゆゑに釈迦、処々に嘆帰せしめたまへり」。釈尊は至る所で阿弥陀仏の徳を讃嘆して、阿弥陀仏に帰依せしめられた。

「すべからくこの意を知るべしとなり」。その釈尊の心をよく知らねばなりません。

「このゆゑに、曇鸞法師の正意、西に帰するがゆゑに、『大経』に傍へて奉讃していはく」。西方浄土に帰依するということは、阿弥陀仏に帰依するということです。それゆえに曇鸞大師は『無量寿経』に傍えて経の心を偈にし、阿弥陀仏の徳を讃嘆し奉ってこのように仰せられた。これは『讃阿弥陀仏偈』（『註釈版聖典（七祖篇）』一六七頁）の文ですが、ほぼ『無量寿経』（巻上、『註釈版聖典』三七頁）の文そのままです。

「安楽の声聞・菩薩衆、人天、智慧ことごとく洞達せり。身相荘厳殊異なし」。安楽国土の声聞衆・菩薩衆、および人・天、いずれもその智慧はことごとく洞達している。「洞」は「ほがらかに」、「達」は「達する」ということで、洞達とは、真理を完全に明らかに悟っているという意味です。その姿形はみな同じ徳を実現していて異なることがない。

「ただ他方に順ずるがゆゑに名を列ぬ」。これは前に言いました。他方国土において、たとえば声聞であった者が浄土に往生したから声聞と呼び、あるいは人間であった者が浄土に往生したから人と言う。因位の時の名前をもって果位に名づける。これを他方に順じて名を列ねると言う。余方に順じてとも言う。本当は声聞も人間も神々もない。浄土は大乗善根界であるから、等しく勝れて菩薩の姿である。けれども他方に順じて名を列ねて、声聞とか人とか天とか菩薩とかと言うのです。

「顔容端正にして比ぶべきなし。精微妙軀にして人天にあらず。虚無の身、無極の体なり。このゆゑに平等力を頂礼したてまつる」。一人ひとりが絶対の尊厳をもって輝いているから、比べることはできないのです。浄土とはそういう世界です。「精微妙軀」とは素晴らしい身体ということです。我々の想像を絶する素晴らしい身体であって、人でも天でもない。それは「虚無の身、無極の体」、つまり一切の限定を離れた無限の身体だと言うのです。私達の世界は自己と他者とを分けて、自は自、他は他というように区別していますけれども、そういう虚妄分別を超えた悟りの領域は、一切の区別差別を超えていますから、虚無の身、無極の体なのです。だから、万人を平等に救って平等の悟りを完成させる力を持つ阿弥陀如来に、帰依し奉ると言うのです。

これは『讃阿弥陀仏偈』の文ですから、『讃阿弥陀仏偈』として引用すればよいところを、わざわざ『安楽集』に引用された所から出してくることによって、曇鸞大師だけではなく、道綽禅師もこの『無量寿経』の言葉に感動されたということを示そうとしたのでしょう。

7　『観経疏』「玄義分」序題門、「定善義」水観

【本文】

光明寺《こうみょうじ》の『疏《しょ》』にいはく、「弘願《ぐがん》といふは、『大経《だいきょう》』の説《せつ》のごとし。一切善悪《いっさいぜんあく》の凡夫《ぼんぶ》、生《しょう》ずることを得《う》るは、みな阿弥陀仏《あみだぶつ》の大願業力《だいがんごうりき》に乗《じょう》じて増上縁《ぞうじょうえん》とせざることなしとなり。また仏《ぶつ》の密意弘深《みついぐじん》なれば、教門《きょうもん》をして暁《さと》りがたし。三賢《さんげん》・十聖《じっしょう》測《はか》りて闚《うかが》ふところにあらず。いはんやわれ信外《しんげ》の軽《きょう》毛《もう》なり。あへて旨趣《ししゅ》を知《し》らんや。仰《あお》いでおもんみれば、釈迦《しゃか》はこの方《ほう》より発遣《はっけん》し、弥陀《みだ》はすなはちかの国《くに》より来迎《らいこう》す。かしこに喚《よ》びここに遣《つか》はす、あに去《ゆ》かざるべけんや。ただねんごろに法《ほう》に奉《つか》へて、畢命《ひつみょう》を期《ご》として、この穢身《えしん》を捨《す》てて、すなはちかの法性《ほっしょう》の常楽《じょうらく》を証《しょう》すべし」と。

またいはく、「西方寂静無為《さいほうじゃくじょうむい》の楽《みやこ》には、畢竟逍遥《ひっきょうしょうよう》して有無《うむ》を離《はな》れたり。大悲《だいひ》、心《こころ》に熏《くん》じて法界《ほうかい》に遊《あそ》ぶ。分身《ぶんしん》して物《もの》を利《り》すること等《ひと》しくして殊《こと》なることなし。あるいは神通《じんずう》を現《げん》じて法《ほう》を説《と》き、あるいは相好《そうごう》を現《げん》じて無余《むよ》に入《い》る。変現《へんげん》の荘厳《しょうごん》、意《こころ》に随《したが》ひて出《い》づ。群生《ぐんじょう》見《み》るもの罪《つみ》みな除《のぞ》こると。また讃《さん》じていはく、帰去来《いざいなん》、魔郷《まきょう》には停《とど》まるべからず。曠劫《こうごう》よりこのかた六道《ろくどう》に流転《るてん》して、ことごとくみな経《へ》たり。到《いた》る処《ところ》に余《よ》の楽《たの》しみなし。ただ愁歎《しゅうたん》の声《こえ》を聞《き》く。この生平《しょうびょう》を畢《お》へて後《のち》、かの涅《ね》槃《はん》の城《みやこ》に入《い》らん」と。以上

【講讃】

続いて善導大師の『観経疏』から二文を引用されています。

初めは「玄義分」序題門の結文です。冒頭「帰三宝偈」に続いて、『観経』の法義を非常に短い言葉で要約して明かしています。これを序題門と呼びます。『観経』の法義を取り出し、要門と弘願という二つの法門によって構成されている法義の特徴を出すのです。そして最後にそれを弘願の一法におさめてゆきます。これは二尊二教から二尊一教に約めてゆく法義なのです。

『観経』には隠・顕つまり隠彰と顕説とがある。それは親鸞聖人の見方です。隠顕二種の法門が『観経』には説かれていると見られるのです。『玄義分』序題門の文によると（『註釈版聖典（七祖篇）』三〇〇頁）、聖道の教えによっては凡夫は救いにあずかることができない。そこで釈尊は韋提希の求めに応じて、広く浄土の「要門」を開き、阿弥陀仏は別意の「弘願」を顕彰された。その「要門」とは、『観経』に説かれた定散二門の教えを指します。そして「弘願といふは、『大経』の説のごとし」以下が、右に掲げられた初めの引文です。『無量寿経』には、一切善悪の凡夫が、阿弥陀仏の大願業力に任せるという教えが説かれている。その大願業力を増上縁とする。この場合の「増上」とは勝れた、「縁」とは因縁。善人も悪人も分け隔てなく、阿弥陀仏の浄土に生まれてゆく。そういう法義が『無量寿経』には説かれている。善悪の凡夫を平等に浄土にあらしめてゆくという大願業力による願力摂生、大願業力による衆生救済の法が説かれている。それを弘願の教えと言うのです。阿弥陀仏の弘く大きな誓願によって万人が平等に救われてゆくという法義、それが『無量寿経』の教説ですが、実はその法義が『観経』にも説かれている。隠された形で説かれていると言うのです。したがって『観経』の中には、顕に説かれている定善・散善の法義と、隠れた形でしかし確実に説かれている大願業力の法義とがある。その『観経』当分の法義を要門と名づけ、『観経』に説かれた『無量寿経』の法門を弘願と名づけると言うのです。以上が、親鸞聖人の読み方です。

法然聖人も大体このように読まれているけれども、定散二善の要門と弘願の法門、これを別の法門と見るか、同じ法門と見るかは、流派によって説が分かれます。

浄土宗鎮西派では、定散二善というのは衆生が修する行を顕します。要門というのは衆生の修める行、行体を顕します。その散善の中に称名念仏があるのです。それから弘願というのは『無量寿経』に説かれた阿弥陀仏の本願力を顕している。具体的には阿弥陀仏が臨終に来迎する働き、それを弘願と言うのです。現生には念仏の行者を摂取し、そして当来には浄土に往生させてゆく。そういう阿弥陀仏の働きを弘願と呼ぶ。念仏は衆生の働きだからこれを要門と呼ぶ。念仏の因に対して阿弥陀仏の縁。要門と弘願は因と縁の関係にあると見ます。因縁和合して往生が成就すると見るのが、浄土宗鎮西派の立場です。ここの文を鎮西派はそう解釈します。

西山派では、また別の見方をします。要門というのは定善・散善なのだが、この定善・散善は弘願という他力の法門を顕すための観門であると見るのです。定善・散善はその行体を言えば聖道門の行と同じだから、この定善・散善を独立した往生の行と見たら、これを行門と呼んで、聖道自力の法門となる。ところが定善・散善は往生の行ではなくて、他力の念仏を顕すための観門である。他力の法義を顕すための法門であって、この定善・散善というのが往生の行なのでない。往生の行は念仏であるということを知らせるために説き表す言葉すなわち「能詮」が定善・散善である。つまり『観無量寿経』に説かれた定善・散善という法義は、念仏一つが往生の行であるということを知らせるための言葉であると見るのです。それを観門と言い、その定善・散善の観門によって顕されている「所詮」が念仏往生の法義、それを弘願と言う。それが西山派の考え方なのです。

要門と弘願の考え方が、鎮西派・西山派・浄土真宗でそれぞれ異なっています。その中で一番法然聖人に近いのは、親鸞聖人の考え方です。そのことは『法然教学の研究』（永田文昌堂、一九八六年、一二二頁～）に述べました。

ここでは親鸞聖人の読み方で見てゆきます。要門と弘願は別の法門である。要門は自力の法門、弘願は他力の法門。そして要門は『観経』の当分、弘願が『無量寿経』の第十八願の法義。二つの違った法義があると言うのです。親鸞聖人は『観経』に隠・顕を見ます。それを二尊二教と言います。つまり釈迦教は要門、弥陀教は弘願、それぞれ法門の内容が違う。これが親鸞聖人の見方です。ところが最後に両者を結んで、二尊一教にしてゆきます。

第十八願を説き勧めることを「発遣」と言います。そして説き勧められている内容である第十八願の法義を「招喚」と言います。有名な二河白道の譬喩に出てくる言葉です。発遣とは「往け」ということ、招喚とは「来たれ」ということです。「往け来いと、東と西に釈迦と弥陀、押され引かれてまいる極楽」という、利井鮮妙和上の歌があります。一つの念仏往生を二尊が説く。これを二尊一教というのです。これは二河譬の意です。これがいわゆる弘願の法義です。釈尊は自分の持ち前の要門を捨てて、阿弥陀仏の本願を勧められた。釈迦・弥陀二尊が一致して、一つの弘願の法義を説く。それを二尊一教と言うのです。そのことがこの次に説かれてゆきます。

「また仏の密意弘深なれば、教門をして暁りがたし。三賢・十聖測りて闚ふところにあらず。いはんやわれ信外の軽毛なり。あへて旨趣を知らんや」。「暁りがたし」は、明らかには知り難いという意味です。「密意」とは、仏の悟りの境界です。凡夫の測り知る所ではないので、これを密と言うのです。その弘く深い阿弥陀仏の密意、そこから顕れてくる教えの全てを我々は悟り尽くすことができない。我々だけではない。三賢・十聖にも理解できない。

三賢とは、菩薩の階位の中で十住・十行・十回向を指します。三賢の位を内凡と言います。その前の十信の位は外凡です。同じ凡夫でも煩悩垂れ流しの状態は外凡です。まだ本当に仏道の中に入ったとは言えない。内凡は教えの中にある。煩悩をかかえているけれども、すでにその煩悩を制御し、表には出さない。そういう状態が賢者の位、内凡の位です。内凡の位は、煩悩を持っていますから、まだ退位です。退転する可能性、危険性はある。だけど煩悩を顕わに出すようなことはしない。これが賢位、三賢の位です。そこからさらに進んで、無漏智を開く、真如法性を悟る無分別智が開けますと、初地の位に到達する。初地から十地まで、これが十聖、聖者の位です。無漏智が開けて、真如法性の一分を体得していますから、聖者と呼ぶ。これで三賢・十聖です。そういう尊いお方でも、仏の心を推し測ることはできない。

まして我ら信外の軽毛のごとき凡夫に理解できないのは当然だと言うのです。信外の軽毛とは、十信の位にも入れない煩悩具足の凡夫です。軽毛というのは吹けば飛ぶような軽い毛ということです。「あへて旨趣を知らんや」。この「旨趣」は「シイシュ」と読みます。読み癖です。仏の深い思召しをどうして知ることができようかと言うのです。

「仰いでおもんみれば、釈迦はこの方より発遣し、弥陀はすなはちかの国より来迎す。かしこに喚びここに遣はす、あに去かざるべけんや。ただねんごろに法に奉へて、畢命を期として、この穢身を捨てて、すなはちかの法性の常楽を証すべし」。釈尊は此方より発遣して、この道を往けと私達を勧めてくださる。それに対して、阿弥陀仏は彼国より来迎される。この場合の来迎は特徴のある来迎です。発遣に対する来迎です。発遣に対するからこれは招喚です。その招喚のことを来迎と言っているのです。よってこの来迎は臨終来迎ではなくて平生来迎です。平生に阿弥陀仏が念仏の行者の所にやって来て、「さあ、連れて行くぞ」とおっしゃっている状態を来迎と言ったのです。「喚」は喚び続けるという意味です。仏は私を生涯喚び続けてくださるのです。喚び続けるから、「南無阿弥陀仏、南無阿弥陀仏」という念仏の相続があるわけです。念仏の相続というのは如来が私を喚び続けていることなのです。阿弥陀仏が浄土から招喚し、釈尊が娑婆から私を発遣する。どうしてその教えに従って去かないでおられようか。心を勤ましてこの教えに奉えよう。「奉」は「つかえる」と読みます。

「証文類」で一番大事なのは、「ただねんごろに法に奉へて、畢命を期として、この穢身を捨てて、すなはちかの法性の常楽を証すべし」ということです。「即証法性之常楽」という「正信偈」の文に当たります。それが「証文類」の中心です。浄土に往生するということは、法性の常楽を証するということなのだ。そう善導大師がおっしゃっている。それをあらしめるのが弘願の法門なのです。釈尊は弘願の法に帰せよと私を勧め、阿弥陀仏は本願の法をもって私を招く。だから二河白道の譬喩では、釈尊は、「この白道を行け。グズグスしていたら死ぬぞ。この道は死への道ではない。永遠の生への道であるから、この道を行け」と勧められる。そして阿弥陀仏が、「一心正念に直ちに来い。私が護る。水火に堕することをおそれるな」と、彼岸から喚んでくださる。最後、「この穢身を捨てて、すなはちかの法性の常楽を証すべし」。これは、往生即成仏という証果が与えられるということです。それを善導大師が示されたということなのです。

次の引文に移ります。善導大師の『観経疏』「定善義」水観の文です。「西方寂静無為の楽には」。寂静というのは煩悩が寂滅した、無為というのは因縁の為作動作を越えた常住不変の世界ということです。「畢竟逍遥して有無を離れたり」。畢竟とは究極、逍遥とは何者にも束縛されないで思いのままに自在に行動することです。西方浄土はそういう世界なのです。「有無を離れたり」。有無の執着を離れている。悟りの智慧の完成を顕しています。瑜伽行派の言葉で言うと無分別智、龍樹菩薩の言葉で言うと般若波羅蜜です。「大悲、心に熏じて法界に遊ぶ」。これは大悲の働きです。これで智慧と慈悲とを顕しています。「分身して物を利すること等しくして殊なることなし。あるいは神通を現じて法を説き、あるいは相好を現じて無余に入る」。この「相好を現じて無余に入る」とは、有限な姿を取って現われて、やがて無余涅槃に入るということです。応身仏が無余涅槃に入る、しかしそれは全て示現です。真身が応身という形を取って衆生救済の示現をしているのです。

「変現の荘厳、意に随ひて出づ」。「荘厳を変現すること、意に随ひて出づ」と読んでも良いです。後者の方が漢文としては普通です。大悲の心にしたがって無数の荘厳相を変現してきたと読むほうが分かりやすい。「群生見るもの罪みな除こると。また讃じていはく、帰去来」。その荘厳を見れば、すべての罪が除かれる。だから「帰去来」と言うのです。有名な陶淵明の詩、「帰去来、田園まさに蕪れなんとす」という所から取られた、「さあ帰りましょう」という意味の言葉です。「魔郷には停まるべからず。曠劫よりこのかた六道に流転して、ことごとくみな経たり。到る処に余の楽しみなし。ただ愁歎の声を聞く」。娑婆になど留まってはいられない。無限の生死を重ねて、六道の苦界を巡ってきたのだ。何の楽しみもなく、ただ悲しみの声だけを聞いてきた。「この生平を畢へて後、かの涅槃の城に入らん」。そんな生涯を終えて後、浄土に往生するということは、かの涅槃の世界に入るということだ。極楽は涅槃の境界であり、悲智円満の悟りの境界だ。さあ帰ろうと勧めているのです。

8　四法結釈

【本文】

それ真宗《しんしゅう》の教《きょう》行《ぎょう》信《しん》証《しょう》を案《あん》ずれば、如来《にょらい》の大悲《だいひ》回向《えこう》の利益《りやく》なり。ゆゑに、もしは因《いん》、もしは果《か》、一事《いちじ》として阿弥陀如来《あみだにょらい》の清浄願心《しょうじょうがんしん》の回向成就《えこうじょうじゅ》したまへるところにあらざることあることなし。因浄《いんじょう》なるがゆゑに、果《か》また浄《じょう》なり、知《し》るべしとなり。

【講讃】

「大証釈」の引文が終わり、最後に親鸞聖人御自釈の文で結ばれます。「大証釈」の結文ですが、「教・行・信・証」四法全体の結文でもありますので、「四法結釈」と呼びます。上来明かして来た教・行・信・証の真実四法をまとめて、その全てが如来の大悲回向の利益、如来が大悲をもって私に与えてくださったものであるとおっしゃっています。

行信が因、そして証が果です。教はその行・信・証の法義を説き顕した『無量寿経』ですから、能詮の言教です。それから所詮の法義、その中に行・信・証があるわけですが、敢えて四法を因果に分ければ教・行・信が因を成ずる、教は行を与え信を与えて因を引きますから、因の部類に属します。証は果です。直接的には、因と押さえるのは行・信です。行・信の因によって往生成仏の証果を得る。どれ一つを取ってみても、阿弥陀如来の清浄なる本願の心によって回向せられ、私の上に成就してゆくのではないものはない。全て如来より賜わりたる四法「教・行・信・証」である。「因浄なるがゆゑに、果また浄なり」とは、ここでは直接的に、「もしは因、もしは果」と押さえたものを、因・果と言われたと見るべきでしょう。つまり行・信の因が清浄なる因であるから、それによって得られる往生成仏の果徳もまた清らかである。清浄なる因によって清浄なる果が与えられるということです。

阿弥陀仏の本願（願心）を因、教・行・信・証の四法を回向成就の果徳と見ることも可能ですけれども、今はそういう意味ではなくて、直接的に行・信の因と証の果とを押さえて「因浄果浄」、因も清浄願心によって回向されたもの、果も清浄願心によって回向されたもの、だから因も清浄、果も清浄であると言う、そう理解すれば良いでしょう。

これと同じような文が「信文類」にもあります。「信文類」の場合は行・信を押さえて言われるのですが、元になったのは『論註』下巻、浄入願心章の言葉で、それは「信文類」の「欲生釈」の中に引用されています。「三種《さんしゅ》成就《じょうじゅ》願心《がんしん》荘厳《しょうごん》」という言葉で顕される文です（『註釈版聖典』二四二～二四三頁）。三種というのは「荘厳仏土功徳成就・荘厳仏功徳成就・荘厳菩薩功徳成就」のことです。

この三種の荘厳は、四十八願等の清らかな願心によって成就された。願心が清らかであるから、それによって成就された三厳二十九種もまた清浄である。清浄なる因によって成就された清浄なる果報、それが三厳二十九種であるから、それでこれを浄土と言うのです。「因なくして他の因のあるにはあらざるなり」というのは親鸞聖人独特の読み方で、これは、「無因・他因の有にあらざるなり」と読むのが普通です。因なくして有る浄土ではない。決して天国のようなものではない。また他因というのは他因外道で、インドで言いますと他化自在天によって完成されたようなものを指します。そのようなものではない。菩薩の清浄願心、その清浄なる行によって成就されたものである。それを無因の有でもない、他因の有でもないと言うのです。無因外道・他因外道の立場を否定した文なのです。

親鸞聖人は、その『論註』浄入願心章の文を用いて四法の全体を結ばれました。それによって浄土真宗の四法が、全て阿弥陀仏の清浄願心によって回向成就された、如来回向の法であるということを、改めて示されたのです。これで「真実証」の釈文が終わり、次いで「還相回向」の釈が始まります。

二　還相回向釈

1　還相回向

【本文】

二《ふた》つに還相《げんそう》の回向《えこう》といふは、すなはちこれ利他教化地《りたきょうけじ》の益《やく》なり。すなはちこれ必至補処《ひっしふしょ》の願《がん》より出《い》でたり。また一生補処《いっしょうふしょ》の願《がん》と名《な》づく。また還相回向《げんそうえこう》の願《がん》と名《な》づくべきなり。『註論《ちゅうろん》』に顕《あらわ》れたり。ゆゑに願文《がんもん》を出《いだ》さず。『論《ろん》の註《ちゅう》』を披《ひら》くべし。

【講讃】

ここから「還相回向釈」に入ります。まず親鸞聖人御自釈の文です。「**二つに還相の回向といふは、すなはちこれ利他教化地の益なり**」。まず還相という言葉の定義をされています。還相回向というのは利他教化地の益のことである。この「利他教化地」と言う場合の「利他」に二つの意味があります。

一つは自利利他の利他です。自利に対する利他です。無分別智によって、真如法性の理を悟り、そこからさらに一切衆生を教化するために利他の大悲を起こす。その大悲の活動を利他と言うのです。「教化」とは、教えを伝えて、人々を仏道に入らしめてゆくことです。「化」とは変化です。変化させることです。教えによって人々の心を変化させる。方向転換させるのです。人々を教育し、悟りの世界に向かわしめてゆく。そういう働きを利他教化と言います。利他即教化、利他と教化とがイコールなのです。それから「地」というのは、これは地位のことです。そうすると「利他教化地」という言葉は、大悲をもって衆生を利他し教化する、そういう地位に就くという意味になります。利他教化地という、一つの菩薩の地位です。自分自身の悟りを完成した者が、今度は衆生を救済する。そういう位置にあって活動する。それを利他教化地と言うのです。「益」というのは利益です。この場合の利益というのは、利他教化を行う地位を如来によって与えられるということです。利他教化地は還相する地位です。還相する地位を如来より回向されるということです。それで「利他教化地の益」と言う。これが還相回向ということなのです。これが一般的な解釈です。

ところが「利他」の意味にもう一つあります。親鸞聖人は利他という言葉で他力を顕すことがあります。たとえば「信文類」大信釈所引の『観経疏』「散善義」至誠心釈に、利他真実と自利真実という言葉がありますが（『註釈版聖典』一二七頁）、その利他真実というのを他力、自利真実を自力と見る。自利と利他を自力と他力に分ける。こういう場合があります。非常に特異な解釈です。元々この利他という言葉を他力の意味と見るのは、『論註』の教説です。『論註』下巻の最後、覈本釈において、自利利他の利他という言葉は如来の他力を顕すと説かれています（『註釈版聖典（七祖篇）』一五五頁）。それを承けて、親鸞聖人は利他を他力の意味で使うのです。そんな親鸞聖人独特の利他という言葉の使い方から見ますと、利他教化というのは、如来の他力によって衆生を教化するという、そういう地位を与えられたということです。如来より与えられた利他の益の内容が、教化地ということなのです。ですから教化地というのは、つまり還相の一部です。還相の地位を顕し、それが利他すなわち他力の益であるということで、還相回向の回向の意味を顕すと見ることもできるのです。二義共にあると見られますが、どちらかというと、利他教化するという地位を如来より与えられたこと、それを還相回向と言うのだという、前者の理解が一般的です。

「すなはちこれ必至補処の願より出でたり。また一生補処の願と名づく。また還相回向の願と名づくべきなり」。第二十二願によってこの還相が回向されたということです。還相が如来より回向されたということを顕すので、「出於（より出でたり）」と言います。次の「真仏土文類」や「化身土文類」で出願する場合には「出於」という言葉は使わない。回向法ではないからです。行・信・証、そして還相。親鸞聖人は、いわゆる往相・還相の回向法についてのみ「出於」という言葉を使っていらっしゃいます。非常に厳格な言葉遣いをされるのです。

この願を、「また一生補処の願と名づく」。「一生補処」は第二十二願文の中に出てくる言葉です。ところが次の、「また還相回向の願と名づくべきなり」という、「還相回向」という言葉は、願文にはありません。

還相回向というのは、親鸞聖人が第二十二願から独自に読み取られたものです。宗義から取った名前ということで、宗名とか義名などと言います。初めの必至補処や、次の一生補処は、願文にありますから文名と言います。なぜ第二十二願が還相回向の願になるのかということは、とても大きな問題です。誰も言わなかったことなのです。『論註』だって還相回向の願とは見ていないのです。つまり必至補処とか一生補処などということと、還相回向とは、普通ならば矛盾することなのです。つまり一生補処に至らしめるということを誓った願だと言ったら、これは還相回向の願ではないということになります。還相回向の願ならば一生補処の願ではないのです。ところが親鸞聖人は、一生補処に至るということと、還相回向ということを同じ意味に理解されているのです。これが親鸞聖人の言う還相の特徴です。

その第二十二願の願文ですけれども、普通ならここで、「必至補処の願、経にのたまわく」と言って、『無量寿経』の文を引くはずなのですけれども、引かれていません。なぜ引かないかというと、『註論』に引かれているからです。この後、親鸞聖人は『論註』下巻の長文を引用されますが、その中に第二十二願の文が出てきます。だからそこに譲って、ここには引かれないのです。「『註論』に顕れたり。ゆゑに願文を出さず。『論の註』を披くべし」とおっしゃっています。

ですがここで、第二十二願の文について、少し触れておきたいと思います。この少し後、『論註』の引文中に、次のような記述があります。

「阿弥陀如来の本願にのたまはく、〈たとひわれ仏を得たらんに、他方仏土のもろもろの菩薩衆、わが国に来生して究竟してかならず一生補処に至らん。その本願の自在の所化、衆生のためのゆゑに、弘誓の鎧を被て徳本を積累し、一切を度脱せしめ、諸仏の国に遊びて、菩薩の行を修し、十方の諸仏如来を供養し、恒沙無量の衆生を開化して無上正真の道を立せしめんをば除く。常倫に超出し、諸地の行現前し、普賢の徳を修習せん。もししからずは正覚を取らじ〉と」。

『論註』はこの第二十二願を、「超出常倫」ということを誓った願だと見ています。私が仏になったならば、他方仏土からわが国に来生する諸々の菩薩達を、究極的には必ず一生補処に至らしめようと誓われています。ですから一生補処の願とか必至補処の願などという願名が付いているのです。浄土に往生した者は一生補処つまり等覚の位に就きます。一生補処というのは、この一生が終わったら、仏の処を補うということです。仏に成るということです。たとえば弥勒菩薩は今は兜率天に居ますが、その兜率天の一生が終わったら、この娑婆へやって来て、そして娑婆で弥勒仏という仏の悟りを完成するのです。釈尊も兜率天に居られた。その後この娑婆へやって来て、この娑婆で悟りを開かれた。それと同じように弥勒菩薩も今は兜率天に居て、兜率天の一生が終わったら、この娑婆へやって来て悟りを開くと言うのです。兜率天の一生を計算したら五十六億七千万年になると言われますが、ちょっと問題があります。計算間違いです。正確には五億七千六百万年です。それはともかく、兜率天の一生が終わったら、この娑婆へやって来て悟りを開く。そういう等覚の菩薩を一生補処の菩薩と言う。浄土に往生した者は一生補処に至らしめるという所までがこの願の中心です。その次は除外例です。ただしこういう者は別だという除外例です。

除外されるのは「その本願の自在の所化」を実践する菩薩です。その本願とは、浄土に往生した菩薩が、他方の仏土に居た時に建立した誓願のことです。阿弥陀仏の本願とは違います。菩薩が浄土に往生する前に持っていた、もとの誓願です。自在に一切の衆生を教化しようという願いを持っていた。これは他方の菩薩ですから、普通の凡夫とは違います。菩薩が自利利他を完成するために阿弥陀仏の所へやって来るのです。往生する前に持っていた自在の所化の願いとは、衆生のために弘誓の鎧を着る、つまり一切衆生を教化しようという強固な利他の願によって武装するということです。そして、「徳本を積累し、一切を度脱せしめ」、つまり自利利他の実践によって衆生を救済し、それから、「諸仏の国に遊びて」ということは、阿弥陀仏の世界から出て行くわけです。浄土を離れて諸仏の世界へ赴くのです。他方仏国に行く、これがいわゆる還相です。つまり還相は、除外例の所で言われているのです。第二十二願の本文ではありません。第二十二願は私の国に生まれたものは一生補処の位に至らしめようという願いであり、ただし他の世界へ行って一切衆生を救済しようとする者は自由にさせてあげましょうということなのです。

そして、「無上正真の道を立せしめんをば除く」と、ここまでを「除く」のが曇鸞大師の読み方です。ここまでが除外例になります。浄土に生まれた者は一生補処の位に至らしめるというのが第二十二願の本文。ただし浄土に来る前に、自分は浄土へ行ったら一切衆生を救済するため、弘誓の鎧を着て活躍するのだと誓った者については、その誓いの通りにすればよいと言う。この国に居る限りは一生補処ですが、他方へ行ってどんな姿をとろうとも、それは自由になさいと言うのです。

そして、曇鸞大師の読み方ですと、「常倫に超出し、諸地の行現前し、現前に普賢の徳を修習せん」と続きます。この場合は、一生補処と普賢の徳とが同時に成立します。普賢菩薩も一生補処の菩薩です。その普賢菩薩が行うような一生補処の菩薩としての行いを現前に顕現するような、そういう菩薩に、浄土においてならしめてやろうと願われていることになります。「超出常倫」を本願の中に置くのです。

ところが、「現前に普賢の徳を修習せん」までが除外例であるとすると、この文は意味が変わってしまいます。「その本願の自在の所化、……無上正真の道を立せしめ、常倫に超出し、諸地の行現前し、現前に普賢の徳を修習せんをば除く」という読み方です。元居た世界で立てた本願の実現のため、諸仏の世界に赴いて、恒沙無量の衆生に菩提心を起こさせて、悟りの道を歩むものにしてゆこうという、その修行が、「常倫に超出し、諸地の行現前し、普賢の徳を修習する」ことになるという意味になります。この部分は、「常倫諸地の行に超出して普賢の徳を修習せんものをば除く」という読み方もできます。つまりこの菩薩は、自由自在にどんな修行もできるのです。普賢の徳とは、利他教化を行うことです。完全な利他行の徳が普賢の徳、大慈・大悲の徳です。それをすべて自由に修習しようという菩薩は、一生補処の願から除外するということになります。そうすると第二十二願は一生補処を誓った願ということになり、還相の活動は除外例になるのです。むしろこちらの方が一般的な読み方です。一生補処と還相回向とは両立しないのです。

ところが親鸞聖人は、一生補処と還相回向とを同意と見ました。除外例の範囲に関しては曇鸞大師と同じ読み方をされるのですが、親鸞聖人は、「究竟してかならず一生補処に至らん」という本願の中心部分を、還相の中に含めてしまうという、超絶的な解釈をなさるのです。浄土に往生したら仏果を極める。これはすでに第十一願に誓われています。第十一願で決まってる。だから浄土に往生して一生補処に至るということは、仏果を極めた者が従果向因して一生補処の菩薩の活動をするということであり、その全体を還相回向と見る。それが親鸞聖人独特の第二十二願の見方なのです。こんな見方をした人はほかに誰もいません。これは往生即成仏ということの上に成立する第二十二願観です。親鸞聖人独自の第二十二願観です。

親鸞聖人の見解によりますと、第二十二願は大きく三段に分かれます。第一は浄土に生まれた菩薩は一生補処つまり等覚の位に至らしめるという、浄土の菩薩の地位を示した部分です。第二は「除其本願」以下の文で、その菩薩が浄土に往生する以前、つまり因位の時に立てた誓願の通りに他方仏国に至って自在に自利利他することを認めようと言われた部分です。第三は浄土であれ他方仏土であれ、この菩薩は初地・二地・三地と順次次第を経て菩薩道を上昇してゆくというような普通の階梯を超えて、自在に普賢の徳、すなわち従果向因の菩薩が行う利他教化の働きを行ぜしめようと誓われた部分です。

通常、第二十二願は、浄土に往生した菩薩を究極的に一生補処の位に至らしめる願であり、他方摂化しようとする菩薩はその限りではないと言わているると理解されています。しかしながら親鸞聖人は、浄土に往生した者は第十一願に誓われたように直ちに仏果を極めると見られたので、浄土の菩薩を一生補処の位につかしめると誓われたのは、仏果を極めた者が菩薩の因相を示現する、従果向因の姿であり、普賢菩薩の位置に就くものであると見られたのです。浄土に生まれて仏果を極めた者は、衆生救済のために菩薩の因相を示現してゆくが、それは常倫の菩薩と違って普賢のような大慈大悲の徳を修習することにほかならないということなのです。だから一生補処の願・必至補処の願・還相回向の願と言いますが、これらは別々の願ではないのです。還相というのは、本質的には普賢の行を修習することです。だから常並の菩薩の行とは違うのだということです。こんな見方は親鸞聖人独特であって、もちろん『論註』にも出ていません。この後、『論註』の釈が出てきますけれども、その『論註』の文は、親鸞聖人のこういう独自の第二十二願観の中でもう一度全部再構成・再構築された『論註』であるということです。曇鸞大師の『論註』とは大分違うのです。だから『論註』を読む時には、曇鸞大師の書かれた『論註』と、親鸞聖人が読み取られた『論註』とを区別して読まないといけません。だから『教行証文類』は難しいのです。

2　『浄土論』利行満足、出第五門、『論註』起観生信章、還相回向

【本文】

『浄土論《じょうどろん》』にいはく、「出第五門《しゅつだいごもん》とは、大慈悲《だいじひ》をもつて一切苦悩《いっさいくのう》の衆生《しゅじょう》を観察《かんざつ》して、応化《おうげ》の身《しん》を示《しめ》す。生死《しょうじ》の園《その》、煩悩《ぼんのう》の林《はやし》のなかに回入《えにゅう》して、神通《じんずう》に遊戯《ゆげ》して教化地《きょうけじ》に至《いた》る。本願力《ほんがんりき》の回向《えこう》をもつてのゆゑに。これを出第五門《しゅつだいごもん》と名《な》づく」と。以上

『論註《ろんちゅう》』にいはく、「還相《げんそう》とは、かの土《ど》に生《しょう》じをはりて、奢摩他《しゃまた》・毘婆舎那《びばしゃな》・方便力成就《ほうべんりきじょうじゅ》することを得《え》て、生死《しょうじ》の稠林《ちゅうりん》に回入《えにゅう》して、一切衆生《いっさいしゅじょう》を教化《きょうけ》して、ともに仏道《ぶつどう》に向《む》かへしむるなり。もしは往《おう》、もしは還《げん》、みな衆生《しゅじょう》を抜《ぬ》いて生死海《しょうじかい》を渡《ど》せんがためなり。このゆゑに、〈回向《えこう》を首《しゅ》として大悲心《だいひしん》を成就《じょうじゅ》することを得《え》たまへるがゆゑに〉とのたまへり」と。

【講讃】

次に「還相回向釈」の引文です。冒頭に『浄土論』利行満足の中、出第五門を明かす文が引用されています。この文は、後に引用される『論註』の文中にもう一度出てきますので、重複するのですが、還相すなわち「還来穢国の相状」という言葉の元になる論説であると言えます。それでまず

この『浄土論』の文を挙げられたのです。

次の『論註』起観生信章の文は、回向を論ずるに当たって「往相・還相」という言葉を使った最初の論説です。よって「還相」という言葉の出拠として、次に引用されているのです。

『浄土論』の文から見てゆきましょう。礼拝・讃嘆・作願・観察・回向という五念門行に対応して、浄土に至って近門・大会衆門・宅門・屋門・園林遊戯地門という五門の功徳を成就すると説かれている。それが『浄土論』です。その第五門を出第五門と言うのは、利他教化に出るからです。初めの礼拝・讃嘆・作願・観察の四念門は自利の行です。そして第五の回向門が利他の行です。それによって得る五功徳門の中の近門・大会衆門・宅門・屋門、これは自利の徳が成就することですので、「入」の門と言います。それに対して第五の園林遊戯地門というのは回向門に対応しまして、利他の行の成就を明かしています。それを利他教化に出るという意味で「出」の門と言うのです。入出の二門です。それで入出が自利利他ということになるのです。

利他の行としての第五の功徳相、園林遊戯地門とはどういうものかと言うと、浄土に往生した人が大慈悲をもって一切の苦悩の衆生を観察して、「応化の身を示す」。それは相手の機根に応じて様々の姿を現すことです。生死の園、煩悩の林の中に回入して、苦しみ悩んでいる人々が生きている生死の世界に還ってきて、神通力をもって自在無礙に煩悩の林の中にあって、生死に苦悩する人々を救済してゆく。そして教化地に至る。一切衆生を教化する境地を完成してゆく。利他の行を完成してゆく。それを「教化地に至る」と言うのです。

それをあらしめているのが本願力の回向です。「本願力の回向をもつてのゆゑに。これを出第五門と名づく」。ここは、「本願力をもつて回向するがゆゑなり」と読むのが本来の読み方です。つまり『浄土論』に言うところの「本願力」とは、菩薩が浄土に生まれる前に、一切衆生を救って浄土にあらしめよう、そして悟りを開かせようという願いを立てた、その願いの力です。その願いに応じて、浄土に往生して悟りを究めれば、当然その願いのままに人々を救済する働きを起こします。それを「本願力をもつて回向する」と言うのです。それを出第五門と名づける。浄土に往生した菩薩が自らの本願力によって衆生救済の働きを行う。これを出第五門と名づけるのです。これによって自利の行と利他の行とを完成し、そして阿耨多羅三藐三菩提に到達すると言われているのです。これが『浄土論』の説き方です。

ところが親鸞聖人は、「本願力の回向をもつてのゆゑに」と読まれる。それは阿弥陀仏の本願力によって回向せられたから、こういう還相の働きをさせて頂くことができる。園林遊戯地の働きをさせて頂くことができるのだと見るからです。したがってこの場合の「本願力」は阿弥陀仏の本願力です。元々は願生行者の本願力だったのですけれども、親鸞聖人は阿弥陀仏の本願力に意味を転じているのです。よってこの本願力の本願とは、親鸞聖人の場合は、第二十二願を指すことになります。

『論註』の場合は、この本願力は二十二願の中に除外例として挙げられた、「除其本願自在所化」の「本願」を指します。つまり浄土に来生した菩薩の願です。天親菩薩・曇鸞大師・親鸞聖人、それぞれの立場を理解しておかなければなりません。

次の引文は、『論註』下巻、起観生信章、五念門の第五回向門の釈です。回向門の釈中に往相・還相が述べてあります。その還相回向の釈です。

「還相とは、かの土に生じをはりて、奢摩他・毘婆舎那・方便力成就することを得て、生死の稠林に回入して、一切衆生を教化して、ともに仏道に向かへしむるなり。もしは往、もしは還、みな衆生を抜いて生死海を渡せんがためなり。このゆゑに、〈回向を首として大悲心を成就することを得たまへるがゆゑに〉とのたまへり」。

曇鸞大師は、回向を往相の回向と還相の回向とに分けます。往相の回向は五念門の中の回向門です。還相の回向は五功徳門の中の回向です。往相の回向というのは、浄土に往生しながら利他回向することですから、これは五念門中の回向です。還相の回向は、五念門中の往相の回向が成就した五功徳門の中の園林遊戯地門です。いずれも利他回向です。自ら成就した徳を衆生に与えて衆生を教化し浄土に往生させる、そういう働きをするのです。

親鸞聖人は、私は何もできない愚か者でございますとおっしゃった。しかし古来の浄土教はそんなものではない。戒律を持って功徳を修め、自利利他の行を行うのが、願生行者にふさわしい生き方である、そう考えられていました。

親鸞聖人は回向門の文を、「いかんが回向《えこう》する。一切苦悩《さいくのう》の衆生《しゅじょう》を捨《す》てずして、心《しん》につねに願《がん》を作《な》し、回向《えこう》を首《しゅ》となす。大悲心《だいひしん》を成就《じょうじゅ》することを得《え》たまへるがゆゑに」（親鸞聖人加点本『論註』、『註釈版聖典（七祖篇）』一〇七頁脚註参照）と読まれる。「得たまへるがゆゑに」というのは親鸞聖人独特の読み方です。これは法蔵菩薩の修行を指すから、そのように読まれているのです。回向というのはどういうことかというと、一切の苦悩の衆生を見捨てないで、心に常に願いを発して、回向を修行の一番の中核に置くということです。「首」とは一番大切なことという意味です。回向門は一番最後に置いてあります。しかし菩提心を発す時には一番最初に置くのです。「衆生無辺誓願度」と利他の誓願を一番最初に置くでしょう。願を発す時には利他教化を最初に置くのです。しかし実際に行う時には、自分に力がなかったら人を救えないでしょう。だから修行するのです。よって利他の回向は最後に置くのです。

たとえばお医者さんになろうとする時に、それはどうしてかといえば、病気で苦しんでいる人を救いたいから医者になるのです。しかし医者としての活動をするのは、医者としての修行をしてからの話なのです。初めに利他の願いがあって、それから自利の修行です。それで医学を学んでゆく。そして医学を学んで知識と技術を身につけて、今度は実際に病気を治療してゆくわけです。だから病気の治療という利他の実践は後になります。しかし願いとしては利他が最初です。そして利他の願いに従って自利の修行を行う。その自利の修行が完成して初めて衆生救済ができるようになる。それで利他の実践は後になるのです。利他回向の実践は後になるけれども、利他回向の願いこそが仏道修行の肝要である。それで「回向を首となす」と言うのです。そして大悲心を成就することを得る。それを回向と言うのです。

『論註』に話を戻します。回向には二種の相があって、一つには往相であり、二つには還相である。浄土に往生しながら回向する相と、浄土から還ってきて回向する相の二つがある。第一に往相の回向とは、自分が完成した修行の功徳を一切衆生に回施し、そして願いを発して、共に阿弥陀仏の安楽浄土に往生しようとすることです。浄土に往生しつつ回向することです。

そして第二に、「還相とは」以下が、ここに引用されています。還相の回向とは、浄土に往生した後、「奢摩他・毘婆舎那・方便力成就することを得て」とは、作願・観察・回向によって、真実を悟り、人々を救済する能力が完成するということです。それで生死の世界に入ってゆくのです。「稠林」というのはジャングルのことです。密林です。煩悩の迷いの密林の中に入ってきて、そこで迷っている一切衆生を教化して共に仏道に向かうのです。「仏道」とは、この場合は悟りの完成です。道というのは果道です。ですから仏果に向かう。もろともに仏果に向かう。それが自利利他の行です。衆生を生死海から引き抜いて、そして彼岸の世界へ渡してゆこうとする。これが往相回向・還相回向という利他回向の働きである。だから『浄土論』に、「回向を首として大悲心を成就することができる」と説かれているのである。これが『論註』の釈意です。

親鸞聖人はここにこの文を引用して、そしてこれを阿弥陀仏の利他の働き、阿弥陀仏が私達に還相の活動をさせる働きと見てゆかれます。だから意味が変わるのです。回向の主体が変わります。『浄土論』『論註』では、回向の主体はあくまでも願生行者でした。けれども親鸞聖人の場合は、往相・還相するのは衆生ですけれども、往相・還相せしめるのは阿弥陀仏であると見る。それを往相を回向し、還相を回向する阿弥陀仏の働き、阿弥陀仏の救済の働きと見られる。そのように意味を変えます。それで還相は阿弥陀仏の本願の働きだとおっしゃるのです。阿弥陀仏が、回向を首として大悲心を完成された。そう『浄土論』には説かれていると主張されたのです。

3　『論註』観察体相章、不虚作住持功徳

【本文】

またいはく、「〈すなはちかの仏《ぶつ》を見《み》たてまつれば、未証浄心《みしょうじょうしん》の菩薩《ぼさつ》、畢竟《ひっきょう》じて平等法身《びょうどうほっしん》を得証《とくしょう》す。浄心《じょうしん》の菩薩《ぼさつ》と、上地《じょうじ》のもろもろの菩薩《ぼさつ》と、畢竟《ひっきょう》じて同《おな》じく寂滅平等《じゃくめつびょうどう》を得《う》るがゆゑに〉とのたまへり。〈平等法身《びょうどうほっしん》〉とは、八地以上法性生身《はちじいじょうほっしょうしょうじん》の菩薩《ぼさつ》なり。〈寂滅平等《じゃくめつびょうどう》〉とは、すなはちこの法身《ほっしん》の菩薩《ぼさつ》の所証《しょしょう》の寂滅平等《じゃくめつびょうどう》の法《ほう》なり。この寂滅平等《じゃくめつびょうどう》の法《ほう》を得《う》るをもつてのゆゑに、名《な》づけて平等法身《びょうどうほっしん》とす。平等法身《びょうどうほっしん》の菩薩《ぼさつ》の所得《しょとく》なるをもつてのゆゑに、名《な》づけて寂滅平等《じゃくめつびょうどう》の法《ほう》とするなり。この菩薩《ぼさつ》は報生三昧《ほうしょうざんまい》を得《う》。三昧神力《さんまいじんりき》をもつて、よく一処《いっしょ》・一念《いちねん》・一時《いちじ》に、十方世界《じっぽうせかい》に遍《へん》して、種々《しゅじゅ》に一切諸仏《いっさいしょぶつ》および諸仏大会衆海《しょぶつだいえしゅかい》を供養《くよう》す。よく無量世界《むりょうせかい》に仏法僧《ぶっぽうそう》ましまさぬ処《ところ》にして、種々《しゅじゅ》に示現《じげん》し、種々《しゅじゅ》に一切衆生《いっさいしゅじょう》を教化《きょうけ》し度脱《どだつ》して、つねに仏事《ぶつじ》をなす。初《はじ》めに往来《おうらい》の想《おもい》、供養《くよう》の想《おもい》、度脱《どだつ》の想《おもい》なし。このゆゑにこの身《しん》を名《な》づけて平等法身《びょうどうほっしん》とす。この法《ほう》を名《な》づけて寂滅平等《じゃくめつびょうどう》の法《ほう》とす。〈未証浄心《みしょうじょうしん》の菩薩《ぼさつ》〉とは、初地以上七地以還《しょじいじょうしちじいげん》のもろもろの菩薩《ぼさつ》なり。この菩薩《ぼさつ》、またよく身《み》を現《げん》ずること、もしは百《ひゃく》もしは千《せん》、もしは万《まん》もしは億《おく》、もしは百千万億《ひゃくせんまんおく》、無仏《むぶつ》の国土《こくど》にして仏事《ぶつじ》を施作《せさ》す。かならず心《こころ》をなして三昧《さんまい》に入《い》りて、いましよく作心《さしん》せざるにあらず。作心《さしん》をもつてのゆゑに、名《な》づけて未証浄心《みしょうじょうしん》

とす。この菩薩《ぼさつ》、安楽浄土《あんらくじょうど》に生《しょう》じてすなはち阿弥陀仏《あみだぶつ》を見《み》んと願《がん》ず。阿弥陀仏《あみだぶつ》を見《み》る時《とき》、上地《じょうじ》のもろもろの菩薩《ぼさつ》と、畢竟《ひっきょう》じて身等《しんひと》しく法等《ほうひと》しと。龍樹菩薩《りゅうじゅぼさつ》・婆藪槃頭菩薩《ばそばんずぼさつ》の輩《ともがら》、かしこに生《しょう》ぜんと願《がん》ずるは、まさにこのためなるべしならくのみと。

問《と》うていはく、『十地経《じゅうじきょう》』を案《あん》ずるに、菩薩《ぼさつ》の進趣階級《しんしゅかいきゅう》、やうやく無量《むりょう》の功勲《くくん》あり。多《おお》くの劫数《こうしゅ》を経《ふ》。しかうして後《のち》、いましこれを得《う》。いかんぞ阿弥陀仏《あみだぶつ》を見《み》たてまつる時《とき》、畢竟《ひっきょう》じて上地《じょうじ》のもろもろの菩薩《ぼさつ》と、身等《しんひと》しく法等《ほうひと》しきやと。

答《こた》へていはく、〈畢竟《ひっきょう》〉はいまだすなはち等《ひと》しといふにはあらずとなりと。畢竟《ひっきょう》じてこの等《ひと》しきことを失《しっ》せざるがゆゑに、〈等《ひと》し〉といふならくのみと。

問《と》うていはく、もしすなはち等《ひと》しからずは、またなんぞ菩薩《ぼさつ》といふことを得《え》ん。ただ初地《しょじ》に登《のぼ》れば、もつてやうやく増進《ぞうしん》して、自然《じねん》にまさに仏《ぶつ》と等《ひと》しかるべし。なんぞ仮《かり》に上地《じょうじ》の菩薩《ぼさつ》と等《ひと》しといふやと。

答《こた》へていはく、菩薩《ぼさつ》、七地《しちじ》のなかにして大寂滅《だいじゃくめつ》を得《う》れば、上《かみ》に諸仏《しょぶつ》の求《もと》むべきを見《み》ず、下《しも》に衆生《しゅじょう》の度《ど》すべきを見《み》ず。仏道《ぶつどう》を捨《す》てて実際《じっさい》を証《しょう》せんと欲《ほっ》す。その時《とき》に、もし十方諸仏《じっぽうしょぶつ》の神力加勧《じんりきかかん》を得《え》ずは、すなはち滅度《めつど》して二乗《にじょう》と異《い》なけん。菩薩《ぼさつ》もし安楽《あんらく》に往生《おうじょう》して阿弥陀仏《あみだぶつ》を見《み》たてまつるに、すなはちこの難《なん》なけん。このゆゑにすべからく〈畢竟平等《ひっきょうびょうどう》〉といふべし。また次《つぎ》に『無量寿経《むりょうじゅきょう》』のなかに、阿弥陀如来《あみだにょらい》の本願《ほんがん》にのたまはく、〈たとひわれ仏《ぶつ》を得《え》たらんに、他方仏土《たほうぶつど》のもろもろの菩薩衆《ぼさつしゅ》、わが国《くに》に来生《らいしょう》して、究竟《くきょう》してかならず一生補処《いっしょうふしょ》に至《いた》らん。その本願《ほんがん》の自在《じざい》の所化《しょけ》、衆生《しゅじょう》のためのゆゑに、弘誓《ぐぜい》の鎧《よろい》を被《き》て、徳本《とくほん》を積累《しゃくるい》し、一切《いっさい》を度脱《どだつ》せしめ、諸仏《しょぶつ》の国《くに》に遊《あそ》びて、菩薩《ぼさつ》の行《ぎょう》を修《しゅ》し、十《じっ》方《ぽう》の諸仏如来《しょぶつにょらい》を供養《くよう》し、恒沙無量《ごうじゃむりょう》の衆生《しゅじょう》を開化《かいけ》して無上正真《むじょうしょうしん》の道《どう》を立《りゅう》せしめんをば除《のぞ》く。常倫《じょうりん》に超出《ちょうしゅつ》し、諸地《しょじ》の行《ぎょう》現前《げんぜん》し、普賢《ふげん》の徳《とく》を修習《しゅじゅう》せん。もししからずは、正覚《しょうがく》を取《と》らじ〉と。この『経《きょう》』を案《あん》じて、かの国《くに》の菩薩《ぼさつ》を推《すい》するに、あるいは一地《いちじ》より一地《いちじ》に至《いた》らざるべし。十地《じゅうじ》の階次《かいじ》といふは、これ釈迦如来《しゃかにょらい》、閻浮提《えんぶだい》にして一《ひと》つの応化道《おうげどう》ならくのみと。他方《たほう》の浄土《じょうど》は、なんぞかならずしもかくのごとくせん。五種《ごしゅ》の不思議《ふしぎ》のなかに、仏法《ぶっぽう》もつとも不可思議《ふかしぎ》なり。もし菩薩《ぼさつ》かならず一地《いちじ》より一《いち》地《じ》に至《いた》りて、超越《ちょうおつ》の理《り》なしといはば、いまだあへて詳《つまび》らかならざるなり。たとへば樹《き》あり、名《な》づけて好堅《こうけん》といふ。この樹《き》、地《じ》より生《しょう》じて百歳《ひゃくさい》ならん。いましつぶさに一日《いちにち》に長高《たけたか》くなること百丈《ひゃくじょう》なるがごとし。日々《にちにち》にかくのごとし。百歳《ひゃくさい》の長《たけ》を計《はか》るに、あに修松《しゅしょう》に類《るい》せんや。松《まつ》の生長《しょうちょう》するを見《み》るに、日《ひ》に寸《すん》を過《す》ぎず。かの好堅《こうけん》を聞《き》きて、なんぞよく即日《そくじつ》を疑《うたが》はざらん。人《ひと》ありて、釈迦如来《しゃかにょらい》、羅漢《らかん》を一聴《いっちょう》に証《しょう》し、無生《むしょう》を終朝《しゅうちょう》に制《せい》すとのたまへるを聞《き》きて、これ接誘《しょうゆう》の言《みこと》にして称実《しょうじつ》の説《せつ》にあらずと謂《おも》へり。この論事《ろんじ》を聞《き》きて、またまさに信《しん》ぜざるべし。それ非常《ひじょう》の言《ことば》は、常人《じょうにん》の耳《みみ》に入《い》らず。これをしからずと謂《おも》へり。またそれ宜《よろ》しかるべきなりと。

【講讃】

ここから巻末の「往還結釈」の直前まで、『論註』下巻の長文が引用されています。『論註』下巻は、『浄土論』長行の釈です。曇鸞大師はそれを十章に分け、下巻冒頭に章名を列挙しています。一は願偈大意、二は起観生信、三は観行体相（本文では観察体相）、四は浄入願心、五は善巧摂化、六は離菩提障（本文では障菩提門）、七は順菩提門、八は名義摂対、九は願事成就、十は利行満足です。

ここには、第三観察体相章の中、仏功徳の最後、不虚作住持功徳の釈文から、第十利行満足章の途中、五功徳門の釈文までが引用されています。大変な長文ですので、以下いくつかに区切って読み進めてゆきます。

まず、観察体相章、仏功徳の第八不虚作住持功徳の釈文です。

「すなはちかの仏を見たてまつれば、未証浄心の菩薩、畢竟じて平等法身を得証す。浄心の菩薩と、上地のもろもろの菩薩と、畢竟じて同じく寂滅平等を得るがゆゑに」までは、『浄土論』の文です。不虚作住持功徳の説明文です。『浄土論』の、「荘厳不虚作住持功徳とは、偈に〈観仏本願力　遇無空過者　能令速満足　功徳大宝海〉といへるがゆゑなり」という文に続く一節です。天親菩薩が、本願力の徳を観じて、この本願力に出遇った者は虚しく過ぎることがないと了知された。「遇う」とは、見仏の意です。阿弥陀仏を目の当たりに拝見することです。そういう人は虚しく過ぎることがない。

ではどのようになるのかといえば、功徳の大宝海を満足せしめられるのです。浄土に往生した者は阿弥陀仏を拝見し、それゆえに功徳の大宝海を満足せしめられる。そのような働きを「本願力」と言うのです。全て阿弥陀仏の浄土における果徳です。

それを親鸞聖人は、この「遇う」ということを、今ここで南無阿弥陀仏に遇うことだと言われます。随分思い切った転換です。『浄土和讃』天親讃に、「本願力《ほんがんりき》にあひぬれば　むなしくすぐるひとぞなき　功徳《くどく》の宝海《ほうかい》みちみちて　煩悩《ぼんのう》の濁水《じょくすい》へだてなし」（『註釈版聖典』五八〇頁）とあります。煩悩具足の凡夫が、この世において阿弥陀仏の功徳の大宝海を満足せしめられるということです。こんなことをおっしゃるのは親鸞聖人だけです。

上掲の文は、天親菩薩の説明です。「すなはちかの仏を見たてまつれば」とは、浄土に往生して彼の仏を見るならばです。「未証浄心の菩薩」は、初地以上七地までの菩薩を指します。寂滅平等法を証得している者を浄心の菩薩と言います。したがって未証浄心というのは、未だ寂滅平等法を証得していないということです。八地から十地までを「浄心の菩薩」と言います。未証浄心の菩薩が浄心の菩薩になるためには、普通は一大阿僧祇劫の修行をしなければならないのです。ところが浄土に往生したならば違うと言うのです。

「すなはちかの仏を見たてまつれば、未証浄心の菩薩、畢竟じて平等法身を得証す。浄心の菩薩と、上地のもろもろの菩薩と、畢竟じて同じく寂滅平等を得るがゆゑに」。浄土に往生して阿弥陀仏を見れば、初地から七地までの位にあるような未証浄心の菩薩が、究極的には平等法身を証得して、八地以上の菩薩と同じように寂滅平等の法を得る。だから「功徳の大宝海を満足す」と言うのだと、そう天親菩薩が説明されたのです。

ここで問題が生じます。七地までの菩薩と八地以上の菩薩とは、直ちに同じだと言うのか、それとも後に究極的には同じになるのかということです。『論註』がこの問題を論じてゆきます。それを親鸞聖人は全部引用されるのです。

上掲の文では、曇鸞大師がまず言葉の意味を註釈しています。「平等法身」とは八地以上の法性生身の菩薩である。「寂滅平等」とは、法身の菩薩が悟った寂滅平等の法を言う。この菩薩は報生三昧を得ている。「報生三昧」とは、因位の誓願に報いて自由自在に衆生を教化する、そういう働きが出てくる三昧のことです。そんな三昧の神力をもって、自身は動かずして、一瞬の間に、同時に、十方世界に身を現してゆく。そして一切の仏及びその仏の説法の法座に集まった全ての人々を供養してゆく。これは自利です。さらに、三宝のましまさぬ処を探して、そこに生まれてゆく。そこで三宝の権威を樹立する。これは菩薩の利他行です。そこで一切衆生を教化し度脱して、常に仏事をなすのです。これは自利利他の行です。しかも行くこともなく来ることもない。供養しても供養したという意識がない。衆生を済度しても済度したという執着がない。こういう悟りの境地を得ている菩薩を平等法身の菩薩と呼び、この法を寂滅平等の法と名づけるのであると言います。

「未証浄心の菩薩」とは、初地以上七地已還の菩薩である。十方世界に身を現じて、しかも無量無数の身を現じて、無仏の世界において仏法を堅持している。そういう仕事をしている大菩薩なのです。けれどこの人達は、「作心して」つまり意志力を働かせて三昧に入るのです。作心せずに仕事ができる程の境地ではないということです。だから未証浄心と言います。

「この菩薩、安楽浄土に生じてすなはち阿弥陀仏を見んと願ず」。これは親鸞聖人の読み方です。曇鸞大師は、「この菩薩願じて安楽浄土に生ずればすなはち阿弥陀仏を見る」と読んでいます。つまり安楽浄土に生まれたいと願って、そして安楽浄土に生まれたならば阿弥陀仏に遇う。阿弥陀仏を見たてまつれば、実は未証浄心の菩薩だけれども、身心共に上地の菩薩と畢竟じて同じ状態になる。だから龍樹菩薩も天親菩薩も往生を願われたのだと言うのです。それが『論註』の釈意です。

続いて二つの問答が設けられています。

第一問答です。『十地経』というのは『華厳経』の十地品を指します。十地品だけを抜き出したものを『十地経』と呼ぶのです。『十地経』は、初地から十地までの菩薩の階位を詳しく説き述べた経典です。この『十地経』を見ますと、菩薩が進趣してゆくのに、つまり初地・二地・三地・四地と順次修行を積んでゆくのに階級があって、限りない功徳を積み、限りない時間をかけて昇ってゆく、その後にやっと上地に到達すると説かれています。なのになぜ、浄土に往生して阿弥陀仏を見た時に、畢竟じて上地の菩薩と身・法ともに等しくなることができるなどと言えるのかと問うているのです。

それに対して、「答へていはく」。まずは一般的な答えを用意しています。畢竟とは究極においてということである。最後にはということだから「畢竟等」と書いてあるのであって、「即等」とは書いてない。だから初地の菩薩も究極においては八地の菩薩と同じ、等しい位になるということであって、即座に等しい位になるのではないと述べています。

そこで第二問答の問が出されます。究極においては等しいと言うのだったら、何も上地すなわち八地以上の菩薩と等しいと言わなくても良いではないか。初地の菩薩は畢竟じて仏と等しいと言うべきだ。なぜ上地の菩薩と等しいと言うのかと問います。初地の菩薩は不退転の菩薩でしょう。正定聚の菩薩です。正定聚不退転の菩薩ならば必ず仏になることに決定しているわけです。だから究極的にはこうなると言うのだったら、八地の菩薩になると言わずに仏に成るといったら良いではないかと問うのです。

この問いに対して二つの答えが提示されます。初めに前の答に付言する形の答を出します。それから第二十二願を引いてから後の文は、実は「即等」だということを言わんとしています。「畢竟等」ではなくて「即等」だというのです。

初めの答はこうです。畢竟等ならば何も八地の所で言わなくて良いではないか、畢竟じて仏と等しいと言えば良いではないかという問に対して、八地で畢竟等を言うのには意味があると言います。それは七地で問題が起こるからだと言うのです。それを七地沈空の難と言います。「空」にとらわれて修行が滞るのです。それがないのが浄土の果徳だと言いたい、そのために必ず八地に至ると言ったのだということです。

第二の答として、第二十二願を引いた後、「即等」の意味もあるということを示されます。第二十二願の読み方については、すでに詳しく述べました（八五頁）。そのおさらいです。まず『論註』の読み方で読んでみましょう。

「たとひわれ仏《ぶつ》を得《え》んに、他方仏土《たほうぶつど》のもろもろの菩薩衆《ぼさつしゅ》、わが国《くに》に来生《らいしょう》せば、究竟《くきょう》してかならず一生補処《しょうふしょ》に至《いた》らん。その本願《ほんがん》の自在《じざい》に化《け》せんとするところありて、衆生《しゅじょう》のためのゆゑに、弘誓《ぐぜい》の鎧《よろい》を被《き》て徳本《とくほん》を積累《しゃくるい》し、一切《さい》を度脱《どだつ》し、諸仏《しょぶつ》の国《くに》に遊《あそ》びて菩薩《ぼさつ》の行《ぎょう》を修《しゅ》し、十方《ぽう》の諸仏如来《しょぶつにょらい》を供養《くよう》し、恒沙無量《ごうじゃむりょう》の衆生《しゅじょう》を開化《かいけ》して、無上正真《むじょうしょうしん》の道《どう》を立《りゅう》せしめんをば除《のぞ》く。常倫諸地《じょうりんしょじ》の行《ぎょう》を超出《ちょうしゅつ》し、現前《げんぜん》に普賢《ふげん》の徳《とく》を修習《しゅじゅう》せん。もししからずは、正覚《しょうがく》を取《と》らじ」（『註釈版聖典（七祖篇）』一三三～一三四頁）。

大体これが『論註』の読み方です。この場合、第二十二願というのは浄土に往生した者は、初地から二地という、そういう形ではなくて、浄土に往生すれば直ちに不虚作住持功徳の力によって、常倫諸地の行に超出して、そして一生補処の位に至り、そこで普賢の行を行ずることができるような、そういう者にしてやろう。ただし元の願いによって他方仏国土に至って諸仏を供養し衆生を教化して、そして一切衆生を無上道に入らしめようと願っている菩薩は、その願いの通りにさせてあげよう。そのように理解されているのです。『論註』によると、これは一生補処の願です。しかも超出常倫という形で、常倫を超えて一生補処に入らしめる。そういうことを誓った願であるということです。ただし浄土から他国へ行って衆生を教化する菩薩は、その思いの通りにさせてあげましょう。必ずしも浄土に縛りつけておくということではありません。そういう願なのです。ですからこれは還相回向を誓った願ではありません。どこまでも一生補処を誓った願だと、そのように『論註』は見ているのです。

ところが親鸞聖人はこれを還相回向を誓った願だと見られます。一つは除外例の所に重点を置く。もう一つは一生補処そのものが従果向因の相であると見るのです。本願を三段に分けて見るのです。まず願の当分は一生補処ということです。これが願文の当分です。第二に除外例として自利利他を行おうとする菩薩がその行願を満足するために他方仏国に至って二利行を修せんとする場合はその限りではない。「その限り」というのは浄土で一生補処に至るということです。第三に、浄土であれ他方仏土であれ、この菩薩は初地・二地・三地と順次階梯を経て菩薩道を上昇してゆくというような常倫を超えて、自在に普賢の徳、つまり従果向因の菩薩が行う利他教化の働きを行ずることができるようにしてやろうと誓われたと見るのです。

通常第二十二願は、浄土に往生した菩薩は究極的には一生補処の位に至らしめる、但し他方摂化しようとする者は、その限りではないと誓った願であると見られていた。ところが親鸞聖人は、浄土に往生した者は、第十一願に誓われたように直ちに仏果を極めると見られたから、浄土の菩薩を一生補処の位に就かしめると誓われたのは、仏果を極めた者が菩薩の因相を示現する従果向因の相であり、『華厳経』に言われる普賢菩薩の位置に匹敵すると見られたのです。つまり浄土に生まれて仏果を極めた者は、衆生救済のために菩薩の因相を示現してゆくが、その相に本国位相と他方摂化とがある。本国においては観音・勢至の如く一生補処の相を取り、他方世界においては観世音菩薩の普門示現の如く様々な応化身を示して衆生救済を行う。本国位相にせよ、他方摂化にせよ、いずれも従果向因の示現相であるから、常倫の菩薩とは違って、普賢菩薩のような大慈・大悲の徳を修習するのである。そういうことを誓ったのが第二十二願であると領解されたのです。こうして第二十二願は本国位相も他方摂化も全て従果向因の相であり、それを還相すなわち従果還因の相状と見られたのです。

さて話を『論註』の引文にもどします。未証浄心の菩薩が「浄心の菩薩と畢竟じて等し」と言われた。その等しとは、即等なのか、究極的には同じということなのかという問題です。文の当分から言えば究極的には同じになるということであって即等ではない。ところが浄土の徳から言うと即等ということもあり得る。そのことを証明するために第二十二願を引かれたのです。第二十二願に、「浄土に往生した菩薩は、常倫諸地の行に超出して、現前に普賢の徳を修習する」と誓われている。『論註』にとって問題なのは、「超出常倫諸地之行現前修習普賢之徳」という文言です。この第二十二願力によって浄土に往生した菩薩は初地から二地へ、二地から三地へというように順番ではなくて、「常倫諸地の行に超出して現前に普賢の徳を修習する」ような位に至らしめられる。そのことを「一生補処に至らしめる」と言うのである。その一生補処とは菩薩の究竟位ですから、菩薩の究竟位に至らしめるということになる。そうするとこれは「即等」という意味になるのです。そういうことを証明するために第二十二願を引かれたのです。

この『無量寿経』第二十二願の文によって、浄土の菩薩の徳を推測してみると、初地から二地、二地から三地というように順次に昇ってゆくのではないと言える。そもそも十地の階位というのは、釈迦如来がこの閻浮提において衆生を教化するために用いた一つの応化道であって、浄土では必ずしもそうとは限らない。五つの不思議のある中で仏法は最も不可思議だ。菩薩は必ず一地ずつ順次に階位を昇るのであって、超越的に行くなどということはあり得ないと言う人がいたならば、そういう人は、仏の教えを詳しく正確に理解していないのだと言います。

続いて二つの譬喩を出します。初めは『大智度論』巻十に見える譬えです（『大正蔵』二五、一三一頁下）。「好堅」という樹があるのですが、この樹は地上に芽を出すまでに地下に百年あると言われます。それが地上に芽を出すと一日に百丈ずつ大きくなる。大地の中で百年間の蓄積があるからです。だから地上に出てきたら毎日、百丈ずつ大きくなると言うのです。毎日毎日、百丈ずつ大きくなるのだから、百年間地上で伸び続けたとしたらどれだけ大きくなるか。とてもこの世にある松の木、その辺りに有る「修松」というようなものと比べることはできない。常識を超えた木があるということです。

もう一つの譬えも『大智度論』によっています（巻八十八、『大正蔵』二五、六八三頁下）。阿羅漢の位に至るには、普通は八万劫の間の修行が必要です。そんな長い時間を経なければ阿羅漢の果に至れない。ところが釈尊の説法をわずか一遍聴いただけで阿羅漢の悟りを開いた人があると言う。また夜明けから朝食までの間に無生法忍を体得した人があるとも説かれている。そんな話を聞いて、「そんなばかなことがあるか」と言う者には、真実が理解できないと言うのです。

曇鸞大師は、浄土に往生したら未証浄心の菩薩が即時に浄心成就の菩薩と同じになると見られたのです。そんな常識を越えた見解は、常識人には理解できないだろう。まあ無理のないことだと憐れんでいらっしゃるのです。「非常の言は、常人の耳に入らず」という言葉は『荘子』に類似の文があります。

4　『論註』観察体相章、仏荘厳八種功徳結釈

【本文】

〈略《りゃく》して八句《はっく》を説《と》きて、如来《にょらい》の自利利他《じりりた》の功徳荘厳《くどくしょうごん》、次第《しだい》に成就《じょうじゅ》したまへるを示現《じげん》したまへるなりと、知《し》るべし〉と。これはいかんが次第《しだい》なるとならば、前《さき》の十七句《じゅうしちく》は、これ荘厳国土《しょうごんこくど》の功徳成就《くどくじょうじゅ》なり。すでに国土《こくど》の相《そう》を知《し》んぬ、国土《こくど》の主《しゅ》を知《し》るべし。このゆゑに次《つぎ》に仏荘厳功徳《ぶつしょうごんくどく》を観《かん》ず。かの仏《ぶつ》もし荘厳《しょうごん》をなして、いづれの処《ところ》にしてか坐《ざ》すると。このゆゑにまづ座《ざ》を観《かん》ずべし。すでに座《ざ》を知《し》んぬ、すでによろしく座主《ざしゅ》を知《し》るべし。このゆゑに次《つぎ》に仏《ぶつ》の身業《しんごう》を荘厳《しょうごん》したまへるを観《かん》ず。すでに身《しん》業《ごう》を知《し》んぬ、いかなる声名《しょうみょう》かましますと知《し》るべし。このゆゑに次《つぎ》に仏《ぶつ》の口業《くごう》を荘厳《しょうごん》したまへるを観《かん》ず。すでに名聞《みょうもん》を知《し》んぬ、よろしく得名《とくみょう》のゆゑを知《し》るべし。このゆゑに次《つぎ》に仏《ぶつ》の心業《しんごう》を荘厳《しょうごん》したまへるを観《かん》ず。すでに三業具足《さんごうぐそく》したまへるを知《し》んぬ、人天《にんでん》の大師《だいし》となつて化《け》を受《う》くるに堪《た》へたるひとは、これたれぞと知《し》るべし。このゆゑに次《つぎ》に大衆《だいしゅ》の功徳《くどく》を観《かん》ず。すでに大衆無量《だいしゅむりょう》の功徳《くどく》いますことを知《し》んぬ、よろしく上首《じょうしゅ》はたれぞと知《し》るべし。このゆゑに次《つぎ》に上首《じょうしゅ》を観《かん》ず。上首《じょうしゅ》はこれ仏《ぶつ》なり。すでに上首《じょうしゅ》を知《し》んぬ、おそらくは長幼《ちょうよう》に同《おな》じことを。このゆゑに次《つぎ》に主《しゅ》を観《かん》ず。すでにこの主《しゅ》を知《し》んぬ、主《しゅ》いかなる増上《ぞうじょう》かましますと。このゆゑに次《つぎ》に荘厳不虚作住持《しょうごんふこさじゅうじ》を観《かん》ず。八句《はっく》の次第成《しだいじょう》ぜるなり。

【講讃】

不虚作住持功徳の釈が終わりまして、次に仏荘厳八種をまとめて述べる一節です。仏の荘厳八種というのは、座功徳、身業功徳、口業功徳、心業功徳、大衆功徳、上首功徳、主功徳、不虚作住持功徳です。

まず『浄土論』の文です。「**略して八句を説きて、如来の自利利他の功徳荘厳、次第に成就したまへるを示現したまへるなりと、知るべし**」。親鸞聖人はこのように読んでいらっしゃいます。大変丁寧に敬語を使っています。上来、仏の荘厳功徳、座功徳から不虚作住持功徳に至る八つの功徳は、如来の自利利他の功徳が順序次第を追って完成している状態を説き顕したものであると、天親菩薩はおっしゃっています。

「これはいかんが次第なる」以下が曇鸞大師の釈です。ここには自利利他の功徳荘厳が、次第をもって成就している。順序正しく成就している。それがどんな順序で顕れているのかということを問題にしています。『浄土論』の三厳二十九種全体から見ると、初めに十七種の国土荘厳功徳が述べてあった。それを、「前の十七句は、これ荘厳国土の功徳成就なり」と言っています。「**すでに国土の相を知んぬ、国土の主を知るべし**」。すでに浄土という国土の相が分かったから、次にその国土の主すなわち主宰者を知らなければならない。だから、「このゆゑに次に仏荘厳功徳を観ず」。国土荘厳に続いて仏荘厳功徳の成就が説かれるようになったのだと言うのです。

さてその仏荘厳功徳ですが、まず、「かの仏もし荘厳をなして、いづれの処にしてか坐すると。このゆゑにまづ座を観ずべし」と言います。「かの仏もし荘厳をなして」ということの読み方は、意味が分かりにくい。親鸞聖人加点本の『論註』では、この「若為」は「いかんが」と読まれています。「かの仏《ぶつ》いかんが荘厳《しょうごん》し」と読んであります（『註釈版聖典（七祖篇）』一二五頁）。そう読んだ方が良い。『論註』加点本の訓点は親鸞聖人の晩年、建長八年、八十四歳の時のものです。所々に問題がありますが、訓点そのものは親鸞聖人の真筆です。それから一番最後の識語も真筆です。西本願寺に伝わる大変価値の高い本です。ここは加点本にしたがって、「かの仏いかんが荘厳し、いづれの処においてか坐したまふ」と読むほうが良い。かの仏はどのように荘厳し、どういう所にお坐りになっているのか、それを示されたということです。

「すでに座を知んぬ、すでによろしく座主を知るべし」。この場合、後の「すでに」は上に付けた方が良い。「すでに座を知りをはりぬ」と読んだ方が文章としては良い。加点本はそうなっています。そして、「よろしく座の主を知るべし」と続きます。こういう座に仏が坐していらっしゃることをまず知る。その座が分かったから、その座に坐っていらっしゃる方がどなたであるか、その座の主を次に知らねばならない。だから、「このゆゑに次に仏の身業を荘厳したまへるを観ず」。このように書いてありますが、加点本では、「このゆゑに次に仏の荘厳身業を観ず」となっています。どちらでも意味は変わりませんが、漢文の読み方としては加点本の方が良いでしょう。

「すでに身業を知んぬ」。阿弥陀仏はどんな身業を持っていらっしゃるのかということが分かった。そこで次に、「いかなる声名かましますと知るべし」。「声名」は「名声」と同じです。ここでは声名と反対になっていますが、阿弥陀仏の声名です。どのような声を持って、どのような名乗りをなっているか。それが荘厳口業功徳です。

次に「すでに名聞を知んぬ、よろしく得名のゆゑを知るべし」。「得名のゆゑ」つまり、なぜそういう名号が成立したのかという理由を知らなければならない。**「このゆゑに次に仏の心業を荘厳したまへるを観ず」**。だから仏の心業功徳を観ずるのです。

「すでに三業具足したまへるを知んぬ、人天の大師となつて化を受くるに堪へたるひとは、これたれぞと知るべし」。如来は人・天の大師となって迷える人々と迷える神々とを導いてくださる。その如来の教化を受けるに値する者は一体誰であるかということを知らねばならない。**「このゆゑに次に大衆の功徳を観ず」**。だから大衆を観ずるのだ。

「すでに大衆無量の功徳いますことを知んぬ、よろしく上首はたれぞと知るべし」。そこで次にこの大衆を統理している上首は誰であるかということを知らねばならない。**「このゆゑに次に上首を観**

ず」。だから次に上首功徳を観ずるのです。

「上首はこれ仏なり。すでに上首を知んぬ、おそらくは長幼に同じことを。このゆゑに次に主を観ず」。上首は仏であるとを知ったので、今度は主を知らなければならない。「長幼」とは先輩と後輩ということです。如来と大衆の間が、ただ単に先輩と後輩というものではないということを知らなければならない。だから主功徳を観ずるのです。

「すでにこの主を知んぬ、主いかなる増上かましますと」。この「増上」というのは勝れた働きという意味です。この主にはどういう勝れた働きがあるか知らなければならない。「このゆゑに次に荘厳不虚作住持を観ず」。だから不虚作住持功徳を観ずるのです。不虚作住持功徳とは阿弥陀仏の本願力です。阿弥陀仏の本願力がよく衆生を受持して、浄土及び聖衆を受持して、必ず悟りを得しめてゆく。そういう自利利他の働きを持っている。それを不虚作住持功徳と言います。「八句の次第成ぜるなり」。このようにして八句の次第が成就していると言うのです。

この文は、今の「還相回向」と関係ないようにも見えます。しかし一連の文だから掲げたというわけではなく、不虚作住持功徳を明かしたから、その不虚作住持功徳を仏八種功徳の中に位置付けるためと、それから次に出てくる菩薩荘厳功徳のため、そういう意図があったと考えるべきです。仏八種功徳の中では大衆功徳として明かされたものが、次に菩薩荘厳功徳として四種に開かれてゆく、それを知らせるという意義がある。だからこの文を引いておいた方が良いと考えられたのだと思います。

5　『論註』観察体相章、菩薩荘厳四種功徳

【本文】

菩薩《ぼさつ》を観《かん》ぜば、〈いかんが菩薩《ぼさつ》の荘厳功徳成就《しょうごんくどくじょうじゅ》を観察《かんざつ》する。菩薩《ぼさつ》の荘厳功徳成就《しょうごんくどくじょうじゅ》を観察《かんざつ》せば、かの菩薩《ぼさつ》を観《かん》ずるに、四種《ししゅ》の正修行功徳成就《しょうしゅぎょうくどくじょうじゅ》したまへることありと、知《し》るべし〉と。真如《しんにょ》はこれ諸法《しょほう》の正体《しょうたい》なり。体《たい》、如《にょ》にして行《ぎょう》ずればすなはちこれ不行《ふぎょう》なり。不行《ふぎょう》にして行《ぎょう》ずるを、如実修行《にょじつしゅぎょう》と名《な》づく。体《たい》はただ一如《いちにょ》にして義《ぎ》をして分《わか》ちて四《よ》つとす。このゆゑに四行《しぎょう》、一《いち》をもつてまさしくこれを統《か》ぬ。〈なにものをか四《よ》つとする。一《ひと》つには、一仏土《いちぶつど》において身《み》、動揺《どうよう》せずして十方《じっぽう》に遍《へん》す、種々《しゅじゅ》に応化《おうげ》して実《じつ》のごとく修行《しゅぎょう》してつねに仏事《ぶつじ》をなす。偈《げ》に、《安楽国《あんらくこく》は清浄《しょうじょう》にして、つねに無垢輪《むくりん》を転《てん》ず、化仏《けぶつ》・菩薩《ぼさつ》は、日《ひ》の須弥《しゅみ》に住持《じゅうじ》するがごとし》といへるがゆゑに。もろもろの衆生《しゅじょう》の淤泥華《おでいけ》を開《ひら》くがゆゑに〉とのたまへり。八地以上《はちじいじょう》の菩薩《ぼさつ》は、つねに三昧《さんまい》にありて、三昧力《さんまいりき》をもつて身本処《みほんじょ》を動《どう》ぜずして、よくあまねく十方《じっぽう》に至《いた》りて、諸仏《しょぶつ》を供養《くよう》し、衆生《しゅじょう》を教化《きょうけ》す。〈無垢輪《むくりん》〉は仏地《ぶつじ》の功徳《くどく》なり。仏地《ぶつじ》の功徳《くどく》は習気《じっけ》・煩悩《ぼんのう》の垢《あか》ましまさず。仏《ぶつ》、もろもろの菩薩《ぼさつ》のためにつねにこの法輪《ほうりん》を転《てん》ず。もろもろの大菩薩《だいぼさつ》、またよくこの法輪《ほうりん》をもつて、一切《いっさい》を開導《かいどう》して暫時《ざんじ》も休息《くそく》なけん。ゆゑに〈常転《じょうてん》〉といふ。法身《ほっしん》は日《ひ》のごとくして、応化身《おうげしん》の光《ひかり》もろもろの世界《せかい》に遍《へん》するなり。〈日《ひ》〉といはばいまだもつ

て不動《ふどう》を明《あ》かすに足《た》らざれば、また〈如須弥住持《にょしゅみじゅうじ》〉といふなり。〈淤泥華《おでいけ》〉とは、『経《きょう》』にのたまはく、〈高原《こうげん》の陸地《ろくじ》には蓮華《れんげ》を生《しょう》ぜず。卑湿《ひしゅう》の淤泥《おでい》にいまし蓮華《れんげ》を生《しょう》ず〉と。これは凡夫《ぼんぶ》、煩悩《ぼんのう》の泥《どろ》のなかにありて、菩薩《ぼさつ》のために開導《かいどう》せられて、よく仏《ぶつ》の正覚《しょうがく》の華《はな》を生《しょう》ずるに喩《たと》ふ。まことにそれ三宝《さんぼう》を紹《しょう》隆《りゅう》して、つねに絶《た》えざらしむと。

〈二《ふた》つには、かの応化身《おうげしん》、一切《いっさい》の時《とき》、前《ぜん》ならず後《ご》ならず、一心一念《いっしんいちねん》に大光明《だいこうみょう》を放《はな》ちて、ことごとくよくあまねく十方世界《じっぽうせかい》に至《いた》りて、衆生《しゅじょう》を教化《きょうけ》す。種々《しゅじゅ》に方便《ほうべん》し、修行所作《しゅぎょうしょさ》して、一切衆生《いっさいしゅじょう》の苦《く》を滅《めつ》除《じょ》するがゆゑに。偈《げ》に、《無垢荘厳《むくしょうごん》の光《ひかり》、一念《いちねん》および一時《いちじ》に、あまねく諸仏《しょぶつ》の会《え》を照《て》らして、もろもろの群生《ぐんじょう》を利益《りやく》す》といへるがゆゑに〉と。上《かみ》に〈不動《ふどう》にして至《いた》る〉といへり。あるいは至《いた》るに前後《ぜんご》あるべし。このゆゑに、また〈一念一時無前無後《いちねんいちじむぜんむご》〉とのたまへるなり。

〈三《み》つには、かれ一切《いっさい》の世界《せかい》において、余《よ》なくもろもろの仏会《ぶつえ》を照《て》らす。大衆余《だいしゅよ》なく広大無量《こうだいむりょう》にして、諸仏如来《しょぶつにょらい》の功徳《くどく》を供養《くよう》し恭敬《くぎょう》し讃嘆《さんだん》す。偈《げ》に、《天《てん》の楽《がく》・華《け》・衣《え》・妙香等《みょうこうとう》を雨《あめふ》りて、諸仏《しょぶつ》の功徳《くどく》を供養《くよう》し讃《さん》ずるに、分別《ふんべつ》の心《しん》あることなし》といへるがゆゑに〉と。〈余《よ》なく〉とは、あまねく一切世界《いっさいせかい》、一切諸仏《いっさいしょぶつ》の大会《だいえ》に至《いた》りて、一世界《いちせかい》・一仏会《いちぶつえ》として至《いた》らざることあることなきことを明《あ》かすなり。肇公《じょうこう》のいはく、〈法身《ほっしん》は像《かたち》なくして形《かたち》を殊《こと》にす。ならびに至韻《しいん》に応《おう》ず。言《ことば》なくして玄籍《げんせき》いよいよ布《し》き、冥権謀《みょうごんはかりごと》なくして動《どう》じて事《じ》と会《え》す〉と。けだしこの意《こころ》なり。

〈四《よ》つには、かれ十方一切《じっぽういっさい》の世界《せかい》に三宝《さんぼう》ましまさぬ処《ところ》において、仏法僧宝功徳大海《ぶっぽうそうぼうくどくだいかい》を住持《じゅうじ》し荘厳《しょうごん》して、あまねく示《しめ》して如実《にょじつ》の修行《しゅぎょう》を解《さと》らしむ。偈《げ》に、《なんらの世界《せかい》にか、仏法功徳宝《ぶっぽうくどくほう》ましまさざらん。われ願《ねが》はくはみな往生《おうじょう》して、仏法《ぶっぽう》を示《しめ》して仏《ぶつ》のごとくせん》といへるがゆゑに〉と。上《かみ》の三句《さんく》は、あまねく至《いた》るといふといへども、みなこれ有仏《うぶつ》の国土《こくど》なり。もしこの句《く》なくは、すなはちこれ法身《ほっしん》、所《ところ》として法《ほう》ならざることあらん。上善《じょうぜん》、所《ところ》として善《ぜん》ならざることあらん。観行《かんぎょう》の体相《たいそう》は竟《おわ》りぬ。

【講讃】

次に菩薩荘厳功徳の釈文です。『浄土論』には、四種正修行功徳成就という形で菩薩の四種の功徳が説かれていますので、それによって浄土の菩薩の徳を観察してゆきます。ただし親鸞聖人はこれを還相回向の文として引かれていますので、この菩薩の四種正修行全体を還相の菩薩の徳と見ていらっしゃいます。ですからここでは親鸞聖人の引意と、それから『浄土論』『論註』の当分の意味とを合わせて見てゆかなければなりません。

そこでまず『浄土論』の文です。**「菩薩を観ぜば、〈いかんが菩薩の荘厳功徳成就を観察する。菩薩の荘厳功徳成就を観察せば、かの菩薩を観ずるに、四種の正修行功徳成就したまへることありと、知るべし〉と」**。菩薩の荘厳功徳成就を観察するとはどういうことかというと、かの菩薩達は四種の正修行功徳を完成している、それを知りなさいと説かれています。

四種の正修行の第一は「不動而至」です。これは空間的な表現です。第二の「一念遍至」は時間的な表現です。不動而至は、浄土を動かずして十方の世界に至るということで、浄土に居るままで十方世界に身を遍現してゆくということです。一念遍至は、一念一瞬の間に遍く十方世界に至るということですから、これは時間的な表現です。一瞬にして十方の世界に至る。前後がない、無前無後である。動かずして至るということと、それから一瞬にして至るということで、同一の事柄を顕しているのですが、それは動かずして一瞬にして十方に至る、十方に至りながらしかも身を動かさず、しかもそれは時間的には前後がないという状況を顕しているのです。第三の「無相供養」と、第四の「示法如仏」とは、上は仏徳を讃嘆し下は衆生を教化する、自利利他の行を顕しています。無相供養は自利の行、示法如仏は利他の行を顕しています。これらが浄土の菩薩の行で、それを正修行と言うのです。「かの菩薩を観ずるに、四種の正修行功徳成就したまへることありと、知るべし」。四種の正修行の功徳が完成している、それが菩薩の功徳であると知りなさいということです。ここまでが『浄土論』の文です。

次に『論註』の釈です。「真如はこれ諸法の正体なり」。真如というのは、諸法の正体である。正とは正しい、正しいとは真っ直ぐにそのものに向かっている状態です。ここで言う正とは、真如法性です。だから正体と言っても良いし、真実の体と言っても良い。

「体、如にして行ずればすなはちこれ不行なり」。体はこの場合は「かなう」です。真如に契って、あるいは真如を体として行ずるということです。真如そのものの活動であるような行です。不行とは、行動しながら行動していないということです。不行而行なのです。真如というのは、あるがまということで、凡夫のはからいを交えないということです。凡夫の煩悩を虚妄分別と言います。虚妄分別を超えた諸法の本来のあり方、それを本当にそのままのあり方だということで、真如と言うのです。だから真如というのは虚妄分別を超えた世界です。言い替えますと無分別智の境界ということで、それを真如と言う。だからあるがままの姿と言っても、私達が考えたあるがままでは駄目なのです。私達の虚妄分別を超えた状態を真如と言います。ですからそれはもう無分別智の境地なのです。無分別智によってのみ体得される世界なのです。真如の世界というのは、分別を超えた空の世界です。ですから行と言っても、行ずるものと行ぜられるものとがある、そんな行ではないのです。それを「不行の行」と言い、「如実修行」と呼ぶのです。

「体はただ一如にして義をして分ちて四つとす」。体は一つ、唯一の真如である。その真如が行動として現れて来るいわれを分ければ四種になる。それは時間を超え空間を超えて、そして自利利他を行ってゆきます。真如法性に契って時間・空間を超えて自利・利他しているんだと言えば四種になります。それで体は唯一の如であるけれども、その義を分ければ四つとなると言うのです。

「このゆゑに四行、一をもつてまさしくこれを統ぬ」。これは、「このゆゑに四行は一の正をもってこれを統ぬ」と読んだ方が良いでしょう。「一の正」というのは正修行の一つにおさまるということです。四種類あるけれどもまとめれば正修行の正の一字におさまってしまうのだということです。「統ぬ」は統合の意です。一の正を分ければ四となる。義を統ねれば正という真如、真如の一におさまるということです。

さて、「なにものをか四つとする」という所から、四種正修行の釈に入ります。初めに「不動而至」です。

「一つには、一仏土において身、動揺せずして十方に遍す、種々に応化して実のごとく修行してつねに仏事をなす」。浄土に居る相を動かさずに十方の世界に種々の応化身を顕現してゆく。「実」とは真如です。真如に契った修行を行う。だから「実のごとく」と読む。真如に契って行を修する、その行は自利利他の二行です。そしてその自利利他の二行を仏事と呼ぶのです。

そのことを『浄土論』の偈には、「安楽国は清浄にして、つねに無垢輪を転ず、化仏・菩薩は、日の須弥に住持するがごとし」と歌っているのです。安楽国は清浄な世界である。「無垢輪を転ず」とは、全く煩悩の汚れのない、そしてあらゆる煩悩を浄化してゆく徳を持つ法を、人々に説き聞かせることです。

次の「化仏・菩薩」の「化仏」というのは仏の変化身です。「菩薩」というのは今ここでは八地以上の菩薩です。「化仏・菩薩は、日の須弥に住持するがごとし」と読みますと、須弥山がありまして、その周囲を太陽が回っているようだということになります。すると須弥が仏、化仏・菩薩はその周囲を回っているということです。

ところが『論註』の釈を見ますと、どうもそうではない。「日」と「須弥」の両方をもって菩薩の不動而至の徳を顕しているようなのです。化仏・菩薩の徳を、一つは太陽で顕し、もう一つは須弥山で顕す。須弥山と太陽と両方が相まって、この菩薩の徳が顕れ出て来るのだと考えているのです。『論註』の読み方から言えば、「化仏・菩薩の日、須弥の住持するがごとし」と読まなければならない。十方世界を照らして教化する相を顕しています。しかし太陽というのはグルグル回っているでしょう。十化仏・菩薩は太陽の如く十方世界を照らし、人々の心の闇を破ってゆく、これは教化を顕します。不動ではなくして、動いているのです。そこで、須弥山が動かないように、不動のままで十方の世界を教化しているということを顕す。そこで太陽の如く、須弥の如くと言うのです。だから「化仏・菩薩の日、須弥の住持するがごとし」と読まないと、ここの文は意味をなさないということです。

次の、「もろもろの衆生の淤泥華を開くがゆゑに」。その須弥の住持するが如く不動にして、しかも太陽の如く十方の世界を照らして一切の衆生を教化してゆくのだが、それをどのように行うのかというと、蓮華が開花するように、煩悩の泥沼の中にあって人々の仏性を開覚してゆくような働きをすると言うのです。ここまでが『浄土論』の文です。

「八地以上の菩薩は」からが『論註』の釈です。「八地以上の菩薩」とは、いわゆる浄心の菩薩です。『浄土論』は阿弥陀仏の浄土を八地以上の菩薩の浄土として、いわゆる蓮華蔵世界として説いているのです。大変高度な世界と見ています。瑜伽行派では大体このように見ているのです。だから凡夫が行ける世界ではないのです。『摂大乗論』の別時意趣とはそういうことです。凡夫の行けるような世界ではない、凡夫が窺えるような境地ではない、それを凡夫に開いてゆくのが『論註』の意図なのです。さらにそれをはっきりと、凡夫が報土に入ると言うのが善導大師です。とにかくここでは八地以上の菩薩です。

「つねに三昧にありて、三昧力をもつて身本処を動ぜずして、よくあまねく十方に至りて、諸仏を供養し、衆生を教化す」。この「三昧」が、すでに申しました「報生三昧」です。未証浄心の菩薩が浄心の菩薩と等しくなる、それを報生三昧の境地に安住すると言います。報生三昧とは、因位の誓願のままに、自在に意思を働かさないで自然と一切衆生を教化し、上求下化している、そういう八地以上の菩薩の無功用の活動を言うのです。

「〈無垢輪〉は仏地の功徳なり」。無垢とは煩悩がないことですから、仏地の功徳です。仏地とは菩薩地に対して仏地です。

「仏地の功徳は習気・煩悩の垢ましまさず」。習気・煩悩の垢がないということを無垢と言ったのです。習気というのは、煩悩の本体がなくなったけれど、未だその残り香がある状態を言います。

「仏、もろもろの菩薩のためにつねにこの法輪を転ず」。この煩悩を超えた教えを説く。

「もろもろの大菩薩、またよくこの法輪をもつて、一切を開導して暫時も休息なけん」。如来より賜った、その言葉、法輪を自らのものとして、そして一切衆生を開導してゆく、それが菩薩なのです。しかも暫くも休むことがない。

「ゆゑに〈常転〉といふ」。「常転」とは如来の常転であり、菩薩の常転です。如来が転じている法輪を、菩薩がそのまま受けて転じてゆくのです。風が吹いているのと風車が回っているのと同じようなものです。

「法身は日のごとくして、応化身の光もろもろの世界に遍するなり」。法身というのは必ずしも仏だけではないのです。法身の菩薩もあります。真如法性の身ということです。太陽の光が十方を照らすように、真如法性の光が十方の世界に、教えの言葉となってゆきわたる、応化の身となって遍じているということです。

「〈日〉といはばいまだもつて不動を明かすに足らざれば、また〈如須弥住持〉といふなり」。太陽は動きます。だから「如須弥住持」という言葉で不動を顕したのです。須弥山は動かない。太陽も星も全ては須弥山を中心にして動いている。そこで須弥山と太陽と二つ合わせてみると不動而至という菩薩の徳が現れてくるというわけなのです。

「〈淤泥華〉とは、『経』にのたまはく、〈高原の陸地には蓮華を生ぜず。卑湿の淤泥にいまし蓮華を生ず〉と。これは凡夫、煩悩の泥のなかにありて、菩薩のために開導せられて、よく仏の正覚の華を生ずるに喩ふ。まことにそれ三宝を紹隆して、つねに絶えざらしむと」。この淤泥華は蓮華のことです。泥沼の中に咲く華ということです。それついて『経』、これは『維摩経』です。『維摩経』仏道品に、「高原の陸地には蓮華生ぜず。卑湿の淤泥にいましこの華を生ず」(『大正蔵』一四、五九四頁中)とあります。乾いた高原の陸地には蓮華を生ずることはない。汚い泥の中に蓮華は生ずるのです。凡夫は煩悩の泥沼の中で日暮らしをしている。そういう凡夫を、「菩薩のために開導せられて」、この菩薩は浄土の菩薩です。しかし親鸞聖人は還相の菩薩であると見られます。その菩薩が、不動而至の徳をもって十方を開導してゆく。そういう菩薩のために心を開かれる。心開かれて悟りの世界へ導かれてゆく。菩薩の教えを聞いて仏道に心開かれ、導かれることによって、衆生の煩悩の泥沼の中に、仏の正覚の華が生じてくる。そう譬えられたのです。仏の正覚の華が、衆生の心、煩悩の心の中に生ずるということは、これは信心を生ずることだと、親鸞聖人は見ていらっしゃるのです。

この淤泥華というのは種々に譬えられますが、『観経』では念仏の行者を分陀利華すなわち白蓮華に譬えています。今『論註』はその意によって、菩薩によって開導せられ、本願を信じ念仏を申す者に育てられた、それを「正覚の華を生ずる」とおっしゃったと見て良いでしょう。それは仏・法・僧の三宝の徳を受け継ぎ、その徳をいよいよ盛んにしてゆく、そして永遠にその徳が絶えないように活動し続ける、それが浄土の菩薩の相であると言うのです。ここで第一の不動而至が終わります。

次に「二つには」以下は、「一念遍至」の釈です。「〈二つには、かの応化身、一切の時、前ならず後ならず、一心一念に大光明を放ちて、ことごとくよくあまねく十方世界に至りて、衆生を教化す。種々に方便し、修行所作して、一切衆生の苦を滅除するがゆゑに。偈に、《無垢荘厳の光、一念および一時に、あまねく諸仏の会を照らして、もろもろの群生を利益す》といへるがゆゑに〉と。上に〈不動にして至る〉といへり。あるいは至るに前後あるべし。このゆゑに、また〈一念一時無前無後〉とのたまへるなり」。浄土の菩薩は、八地以上の菩薩になりますと応化身を現して一切衆生を教化し、また諸仏を供養するために十方世界に身を遍現してゆくのですけれども、それはあらゆる時に、一念同時に、大光明を放って、悉く能く遍く十方世界に至ると言うのです。人間は、ここに居る時にはそこには居ない。ここからそこへ行くには時間がかかるのです。ところがここに居るままでそこにも居るとなれば、それはそこではなく、どこも全てがここなのです。それが不動而至です。どこもがここなのですから、移動に時間がかからないわけです。それを一念遍至と言うのです。だから実はこれは不動而至と同じことなのですが、一瞬にして動かずして十方世界に至るということは、前後がない、それを一念遍至と言うのです。

次に「三つには」以下は、「無相供養」の釈です。「〈三つには、かれ一切の世界において、余なくもろもろの仏会を照らす。大衆余なく広大無量にして、諸仏如来の功徳を供養し恭敬し讃嘆す。偈に、《天の楽・華・衣・妙香等を雨りて、諸仏の功徳を供養し讃ずるに、分別の心あることなし》といへるがゆゑに〉と。〈余なく〉とは、あまねく一切世界、一切諸仏の大会に至りて、一世界・一仏会として至らざることあることなきことを明かすなり。肇公のいはく、〈法身は像なくして形を殊にす。ならびに至韻に応ず。言なくして玄籍いよいよ布き、冥権謀なくして動じて事と会す〉と。けだしこの意なり」。無相供養とは分別の心を持たない供養のことです。どの仏に対しても分別・差別の心を持たずに、同じ思いで供養する。ということは、たとえば釈尊は穢土に出現されましたから、釈尊の法座というのは実にお粗末な法座です。草をしとねにしてその上に坐って裸足で汚い法衣を着けて、そして前に坐っている比丘達も大概お粗末な姿で坐っている。そこで二・三人の、あるいは四・五人の修行者に説法していらっしゃる。そんな姿を見たら実にお粗末で、これが仏の法会などとは思えないほどのものです。それに対して阿弥陀仏の浄土のように無量の聖聚を前にして法音宣流されている法座もある。しかしどこへ行きましても菩薩には分別の心がない。それを分け隔てする思いがない。どんな仏に向かっても、どんな法座であっても同じ思いで供養する。これが「分別の心あることなし」ということです。そんな菩薩が十方の諸仏の所に至って讃嘆供養する時の相はどのようなものかと言えば、あらゆる仏の法座を照らし、またそこに集まった聴衆、全ての大衆を智慧の光によって照らしてゆく。だからその働きは広大無量であると言うのです。そして様々な物をもって仏に供養し、そして仏の徳を讃嘆する。そのことを偈には、天の楽と、花と、衣と、そして妙なる香りを雨の如く降らせて、諸仏の功徳を供養し讃嘆する、その時に一切分け隔てがないと言うのです。

「余なく」とは、一切の世界、一切の諸仏大会に至って、一世界・一仏会として至らない所がないということです。だからこの菩薩が至らない所がない。一念遍至とは遍く至るということ、不動而至も遍く十方の世界に至るということですが、ここでもそのことを詳しく述べているのです。

この後に、「肇公のいはく」とありますが、これは僧肇の言葉です。僧肇は鳩摩羅什の弟子で三十歳そこそこで亡くなった人です。大変な天才で、中国人で真に仏教を体得したのはこの人が初めてだろうと言われます。そして中国語で仏教の悟りの領域を言い表したのはこの人が初めてではないかと言われるほどの人なのです。学系は北地の三論です。兄弟弟子で道生という人が南方へ行きまして、その系統が南地三論です。僧肇の系統から四論宗が出てくるのです。三論宗というのは『中論』『百論』『十二門論』の三論の研究をする学派です。それに『大智度論』を加えて四論宗と言います。『大智度論』などを積極的に取り入れて研究してゆく。そういう思想傾向を持っているのが四論宗です。その肇公の言葉がここに引用されているのです。

「法身は像なくして形を殊にす。ならびに至韻に応ず。言なくして玄籍いよいよ布き、冥権謀なくして動じて事と会す」。これは親鸞聖人の読み方です。

元々は、「法身は像なくして形を殊にし、並び応ず」と、ここで切る。つまり法身というのは形が無い、形が無いからあらゆる形の上に自らを示現してゆくという意味です。そして、「至韻は言なくして玄籍いよいよ布く」と読む。「至韻」とは究極の響きです。究極の言葉は言葉にならない。その言葉にならない領域を説き顕してゆくのが本当の聖典である。「玄籍」とは幽玄な法義を内に持つ典籍、つまり聖典です。最後に、「冥権謀なくして動じて事と会す」と読む。「冥権」の「冥」は、横に「カソカナリ」と書いてあります。人間の思いはからいを超えた思い、仏の心を指します。「権」は仮に様々な相を現すことで、ここでは仏が衆生を救済しようとする心です。「謀」は、衆生をどのようにして救済しようかという仏の慈悲の働きです。曇鸞大師は仏の智慧を実智と権智に分けます。実智とは一切は空であると悟る、真如法性を体得するいわゆる無分別智です。権智とはその無分別智を悟った仏が迷える衆生を救済するために、衆生の様々な姿に応じて教化の働きを行う、衆生救済の手立てを考える智慧です。今の「冥権」というのは権智です。つまり人間の思いはからいを超えた悟りの心をもって人々を救済する。その手立てを考える智慧です。これを冥権と言うのです。「謀なくして動じて事と会す」とは、我々が考えているような「はかりごと」とは違うのです。ここの「事」は相手の状況です。相手の状況に応じて一番良い救済方法が自然と現れてきて、救済を垂れてゆくということです。

ここに「法身」と「至韻」と「冥権」という三つのことが出ています。その全てが仏の働きです。法身には三業はありません。けれども法身がおのずから三業を現してゆく。形を超えて形を現す。身業になってくる。言葉を超えて言葉になってくる。口業になってくる。意を超えて救済のはかりごとができる。意業が出てくる。つまり三業を超えて、しかも自在に三業の働きが現れてくる。そう肇公が言っている。十方の諸仏の大会を供養してゆく菩薩の働きとは、根本無分別智を悟った仏陀の願に応じて、形無くして形を現し、言葉無くして言葉を現し、意無くして意を現してゆく。この無分別の分別、それが菩薩の働きです。無信の信、無分別の分別、無相の相です。**「けだしこの意なり」**。肇公の言葉は、菩薩の働きを顕していると言うのです。

最後に「四つには」以下が、「示法如仏」の釈です。「〈四つには、かれ十方一切の世界に三宝ましまさぬ処《ところ》において、仏法僧宝功徳大海を住持し荘厳して、あまねく示して如実の修行を解らしむ。偈に、《なんらの世界にか、仏法功徳宝ましまさざらん。われ願はくはみな往生して、仏法を示して仏のごとくせん》といへるがゆゑに〉と。上の三句は、あまねく至るといふといへども、みなこれ有仏の国土なり。もしこの句なくは、すなはちこれ法身、所として法ならざることあらん。上善、所として善ならざることあらん。観行の体相は竟りぬ」。これは利他教化の姿です。「かれ」は八地以上の菩薩です。ただし親鸞聖人は還相の菩薩と見る。菩薩が十方一切の世界に至って、特に三宝のましまさぬ所へ至る。そこに仏・法・僧の三宝の功徳大宝海を顕現し、そして仏法の権威を樹立してゆく。真理に契った修行を人々に知らせるのです。そのことを偈には、「なんらの世界にか、仏法功徳宝ましまさざらん。われ願はくはみな往生して、仏法を示して仏のごとくせん」と言う。仏の教えの至り届いていない所はないか。私はそこに生まれて、仏が仏法を示されるように、仏法を示してゆこう。そう歌われていると言うのです。「上の三句」とは、「不動而至・一念遍至・無相供養」を指します。そこには有仏の国土が説かれている。そこで最後に、「示法如仏」を説いて、無仏の国土に仏法を樹立してゆくという、菩薩の目標を示しているのです。これによって十方世界に仏法が建立されるのです。十方の世界に仏法が満ち満ちてゆくということが明らかになる。もしこの句がなければ、法身の至らない所があるように思われる。「上善」つまり「真実の善」は、普遍的妥当性を持たなければいけない。もしこの句がなければ、仏法のない所がある、善の行われない所があるということになり、真実の善ではなくなる。この句を加えることによって、この法が普遍妥当の真理であるということを証明したのです。そして、「観行の体相は竟りぬ」。観行体相すなわち観察体相章の釈を終えると言うのです。

6　『論註』浄入願心章

【本文】

以下《いげ》はこれ、解義《げぎ》のなかの第四重《だいしじゅう》なり。名《な》づけて浄入願心《じょうにゅうがんしん》とす。浄入願心《じょうにゅうがんしん》とは、〈また向《さき》に観《かん》察《ざつ》荘厳仏土《しょうごんぶつど》功徳成就《くどくじょうじゅ》と荘厳仏《しょうごんぶつ》功徳成就《くどくじょうじゅ》と荘厳菩薩《しょうごんぼさつ》功徳成就《くどくじょうじゅ》とを説《と》きつ。この三種《さんしゅ》の成就《じょうじゅ》は願《がん》心《しん》の荘厳《しょうごん》したまへるなりと、知《し》るべし〉といへり。〈応知《おうち》〉とは、この三種《さんしゅ》の荘厳成就《しょうごんじょうじゅ》は、もと四十《しじゅう》八願《はちがん》等《とう》の清浄《しょうじょう》の願心《がんしん》の荘厳《しょうごん》せるところなるによりて、因浄《いんじょう》なるがゆゑに果浄《かじょう》なり。因《いん》なくして他《た》の因《いん》のあるにはあらずと知《し》るべしとなり。

〈略《りゃく》して入一法句《にゅういっぽっく》を説《と》くがゆゑに〉とのたまへり。上《かみ》の国土《こくど》の荘厳十七句《しょうごんじゅうしちく》と、如来《にょらい》の荘厳八句《しょうごんはっく》と、菩薩《ぼさつ》の荘厳四句《しょうごんしく》とを広《こう》とす。入一法句《にゅういっぽっく》は略《りゃく》とす。なんがゆゑぞ広略相入《こうりゃくそうにゅう》を示現《じげん》するとならば、諸仏《しょぶつ》・菩薩《ぼさつ》に二種《にしゅ》の法身《ほっしん》あり。一《ひと》つには法性法身《ほっしょうほっしん》、二《ふた》つには方便法身《ほうべんほっしん》なり。法性法身《ほっしょうほっしん》によりて方便《ほうべん》法身《ほっしん》を生《しょう》ず。方便法身《ほうべんほっしん》によりて法性法身《ほっしょうほっしん》を出《いだ》す。この二《に》の法身《ほっしん》は、異《い》にして分《わか》つべからず。一《いっ》にして同《おな》じかるべからず。このゆゑに広略相入《こうりゃくそうにゅう》して、統《か》ぬるに法《ほう》の名《な》をもつてす。菩薩《ぼさつ》、もし広略相《こうりゃくそう》入《にゅう》を知《し》らざれば、すなはち自利利他《じりりた》するにあたはず。

〈一法句《いっぽっく》とは、いはく清浄句《しょうじょうく》なり。清浄句《しょうじょうく》とは、いはく真実《しんじつ》の智慧無為法身《ちえむいほっしん》なるがゆゑに〉とのたまへり。この三句《さんく》は展転《てんでん》してあひ入《い》る。なんの義《ぎ》によりてかこれを名《な》づけて法《ほう》とする、清浄《しょうじょう》をもつてのゆゑに。なんの義《ぎ》によりてか名《な》づけて清浄《しょうじょう》とする、真実《しんじつ》の智慧無為法身《ちえむいほっしん》をもつてのゆゑなり。真実《しんじつ》の智慧《ちえ》は実相《じっそう》の智慧《ちえ》なり。実相《じっそう》は無相《むそう》なるがゆゑに、真智《しんち》は無知《むち》なり。無為法身《むいほっしん》は法性身《ほっしょうしん》なり。法性寂滅《ほっしょうじゃくめつ》なるがゆゑに法身《ほっしん》は無相《むそう》なり。無相《むそう》のゆゑによく相《そう》ならざることなし。このゆゑに相好荘厳《そうごうしょうごん》すなはち法身《ほっしん》なり。無知《むち》のゆゑによく知《し》らざることなし。このゆゑに一切種智《いっさいしゅち》すなはち真実《しんじつ》の智慧《ちえ》なり。真実《しんじつ》をもつてして智慧《ちえ》に目《な》づくることは、智慧《ちえ》は作《さ》にあらず非作《ひさ》にあらざることを明《あ》かすなり。無為《むい》をもつてして法身《ほっしん》を樹《た》つることは、法身《ほっしん》は色《しき》にあらず非色《ひしき》にあらざることを明《あ》かすなり。非《ひ》にあらざれば、あに非《ひ》のよく是《ぜ》なるにあらざらんや。けだし非《ひ》なき、これを是《ぜ》といふなり。おのづから是《ぜ》にして、また是《ぜ》にあらざることを待《ま》つことなきなり。是《ぜ》にあらず非《ひ》にあらず、百非《ひゃっぴ》の喩《たと》へざるところなり。このゆゑに清浄句《しょうじょうく》といへり。清浄句《しょうじょうく》とは、いはく真実《しんじつ》の智慧無為法《ちえむいほっ》身《しん》なり。

〈この清浄《しょうじょう》に二種《にしゅ》あり、知《し》るべし〉といへり。上《かみ》の転入句《てんにゅうく》のなかに、一法《いっぽう》に通《つう》じて清浄《しょうじょう》に入《い》る、清浄《しょうじょう》に通《つう》じて法身《ほっしん》に入《い》る。いままさに清浄《しょうじょう》を別《わか》ちて二種《にしゅ》を出《いだ》すがゆゑなり。ゆゑに〈知《し》るべし〉といへり。

〈なんらか二種《にしゅ》。一《ひと》つには器世間清浄《きせけんしょうじょう》、二《ふた》つには衆生世間清浄《しゅじょうせけんしょうじょう》なり。器世間清浄《きせけんしょうじょう》とは、向《さき》に説《と》くがごときの十七種《じゅうしちしゅ》の荘厳仏土功徳成就《しょうごんぶつどくどくじょうじゅ》、これを器世間清浄《きせけんしょうじょう》と名《な》づく。衆生世間清浄《しゅじょうせけんしょうじょう》とは、向《さき》に説《と》くがごときの八種《はっしゅ》の荘厳仏功徳成就《しょうごんぶつくどくじょうじゅ》と、四種《ししゅ》の荘厳菩薩功徳成就《しょうごんぼさつくどくじょうじゅ》と、これを衆生世間清浄《しゅじょうせけんしょうじょう》と名《な》づく。かくのごときの一法句《いっぽっく》に二種《にしゅ》の清浄《しょうじょう》の義《ぎ》を摂《せっ》すと、知《し》るべし〉とのたまへり。それ衆生《しゅじょう》は別報《べっぽう》の体《たい》とす、国土《こくど》は共報《ぐうほう》の用《ゆう》とす。体用一《たいゆういっ》ならず。このゆゑに〈知《し》るべし〉。しかるに諸法《しょほう》は心《しん》をして無余《むよ》の境界《きょうがい》を成《じょう》ず。衆生《しゅじょう》および器《き》、また異《い》にして一《いっ》ならざることを得《え》ず。すなはち義《ぎ》をして分《わか》つに異《い》ならず、同《おな》じく清浄《しょうじょう》なり。器《き》は用《ゆう》なり。いはくかの浄土《じょうど》は、これかの清浄《しょうじょう》の衆生《しゅじょう》の受用《じゅゆう》するところなるがゆゑに、名《な》づけて器《き》とす。浄食《じょうじき》に不浄《ふじょう》の器《き》を用《もち》ゐれば、器不浄《きふじょう》なるをもつてのゆゑに、食《じき》また不浄《ふじょう》なり。不浄《ふじょう》の食《じき》に浄器《じょうき》を用《もち》ゐれば、食不浄《じきふじょう》なるがゆゑに、器《き》また不浄《ふじょう》なるがごとし。かならず二《ふた》つともに潔《いさぎよ》くして、いまし浄《じょう》と称《しょう》することを得《え》しむ。ここをもつて一《ひと》つの清浄《しょうじょう》の名《な》、かならず二種《にしゅ》を摂《せっ》す。

問《と》うていはく、衆生清浄《しゅじょうしょうじょう》といへるは、すなはちこれ仏《ぶっ》と菩薩《ぼさつ》となり。かのもろもろの人天《にんでん》、この清浄《しょうじょう》の数《かず》に入《い》ることを得《え》んやいなやと。

答《こた》へていはく、清浄《しょうじょう》と名《な》づくることを得《う》るは、実《じつ》の清浄《しょうじょう》にあらず。たとへば出家《しゅっけ》の聖人《しょうにん》は、煩悩《ぼんのう》の賊《ぞく》を殺《ころ》すをもつてのゆゑに名《な》づけて比丘《びく》とす、凡夫《ぼんぶ》の出家《しゅっけ》のものをまた比丘《びく》と名《な》づくるがごとし。また灌頂王子《かんじょうおうじ》初生《しょしょう》の時《とき》、三十二相《さんじゅうにそう》を具《ぐ》して、すなはち七宝《しっぽう》のために属《ぞく》せらる。いまだ転輪王《てんりんのう》の事《じ》をなすことあたはずといへども、また転輪王《てんりんのう》と名《な》づくるがごとし。それかならず転輪王《てんりんのう》たるべきをもつてのゆゑに。かのもろもろの人天《にんでん》もまたまたかくのごとし。みな大乗正定《だいじょうしょうじょう》の聚《じゅ》に入《い》りて、畢竟《ひっきょう》じてまさに清浄法身《しょうじょうほっしん》を得《う》べし。まさに得《う》べきをもつてのゆゑに、清浄《しょうじょう》と名《な》づくることを得《う》るなりと。

【講讃】

ここからは浄入願心章です。『論註』下巻、解義分の第四重に当たります。『論註』で一番難しい所です。

『論註』は、ここまで「観行の体相」を明かしてきました。観察体相章と呼ばれます。観察門の所体の境である三厳二十九種の相を詳しく述べてきたのです。今度はその「観行の体相」で明かされた三種荘厳二十九種が、一つの願心、阿弥陀仏の清浄なる願心によって成就されたものであるということ、二十九種と言っても要するに一願心の展開相にほかならないということを顕されるのです。

それが浄入願心章です。

「浄入願心」の「浄」とは清浄、煩悩寂滅を顕します。一切の煩悩が寂滅している状態を無為涅槃と言い、あるいは無為法身と言います。その清浄を開くと二つの清らかな相があります。一つは器世間荘厳、二つは衆生世間荘厳です。器世間荘厳というのは環境です。衆生世間荘厳は主体です。環境も清らかであれば主体も清らかである。

「入」は摂入、摂まるということです。全体がある一つの事柄に摂まってゆく、一つに統合されることです。何に摂まるのかと言うと、ここでは「願心」に摂まるのです。この「願」というのは阿弥陀仏の本願です。「心」はこの場合、智慧心と慈悲心、さらには智慧心・慈悲心・方便心を言います。智慧と慈悲とを一つに統合すると方便心です。智慧と慈悲によって方便が成就します。その方便が実は本願なのです。本願というのは方便なのです。ウパーヤと言います。近づくという意味です。ここでは、真如法性が私達に近づく、真如法性が自らを我々の前に示現してゆく。その意味で真如法性が衆生に近づいて来るのです。私達に分かりやすいように自らを示現されるのです。それを広げますと四十八願になります。

四十八願に込められた智慧・慈悲・方便の心を願心と言う。四十八願をあらしめている清らかな清浄なる方便心のことです。それが具体的には本願の言葉となって顕れているのです。言葉は心の表現です。どんな心かといえば、智慧・慈悲・方便の心です。その心が言葉に表現されますと四十八願になるのです。これを清浄願心と言います。三厳二十九種は清浄願心によって成就されたものです。四十八願が因となって、三厳二十九種という清浄なる器世間・衆生世間を成就したのですから、これは因・果の関係です。それで因が清浄であるから果も清浄である。清浄なる願心によって成就された世界であるから、だから浄土という、一点の煩悩の汚れもない、清浄なる願心、智慧・慈悲・方便心の顕現した世界であるということになるのです。だから「浄土」と言うのです。「浄土」というのは大変重い言葉です。

因の清浄によって果の清浄を説明したのが「浄入願心」です。一つの願心が展開すれば三厳二十九種となり、三厳二十九種が一つの清浄願心に摂まる。そういう意味で因果対望して因の浄によって果の浄を説明した、それを「浄入願心」と言います。ですから「浄入願心」とは、因の清浄によって果の清浄を説明し、浄土と言われる理由を明らかにしているのです。これがまず一つです。因果対望して清浄を証明し、浄土と言われる因を明かすのです。

もう一つは因を明かすのに「願心」という言葉を用います。因を「願心」という言葉で顕すことによって、浄土が願の実現した世界であること、願心荘厳ということを明かすのです。さらに因を「願心」と言うことによって、浄土が自利利他円満した世界であること、特に大悲の世界であることを明かすのです。本願を成立させるのは、智慧と慈悲と方便なのですが、特に大悲に特徴がありまず。

「知るべし」とは、この三種の荘厳成就は、法蔵菩薩であられた因位の時に、四十八願の清らかな願心によって荘厳せられたものであるということを知りなさいということです。その因の願心が清らかであるから、清らかな願心によって完成された浄土の果徳もまた清らかである。これは無因の有でもない、他因の有でもないと知りなさいということです。

「無因の有」の「無因」とは因がないということで、無因外道の説です。つまり浄土というのは天然・自然にあるものではない。法蔵菩薩の願行によって成就された世界であり、無因の世界ではない。また「他因の有」でもない。菩薩以外の因によって成就された世界ではない。菩薩の因位の願行によって成就した世界であり、それ以外の因があるのではない。これで無因と他因を否定したのです。無因外道・他因外道は、正しい因果を認めない外道です。浄土は正しい縁起の世界である。浄土は法蔵菩薩の願心によって成就された縁起の世界であり、菩薩の因位の願行を因として成就した、願心荘厳の世界であるということを顕しているのです。

親鸞聖人はこれを、「因なくして他の因のあるにはあらず」と読まれています。おもしろい読み方です。元々は「無因・他因の有」ではないという意味です。無因の存在でもない、他因の存在でもない。有というのは存在ということです。菩薩の願行の因によって成就された正しい縁起の世界であるということを顕すのです。縁起説を踏まえて浄土を語っているのです。万人を救ってその浄土にあらしめ、浄土において煩悩寂滅せしめようという願によって成就された世界だから、当然煩悩具足の凡夫が往生せしめられる世界であるという、そういう意味を顕しています。ここまでが「浄入願心」という言葉の解釈です。

「〈略して入一法句を説くがゆゑに〉とのたまへり」。この「略説入一法句」は『浄土論』の言葉です。意味が分かりにくいです。「略説すれば一法句に入るがゆゑなり」と読んだら分かりやすいかもしれません。「略説」とは、三厳二十九種を略説すればということで、この略は省略ではなくて総略なのです。一つに総じる、統摂するという意味です。三厳二十九種を一つに統合すれば、「一法句に入る」ということです。「一法句」の「一」は絶待、「法」は真理です。絶待の真理を表現する言葉を「一法句」と言います。「絶対」よりも「絶待」と書いた方が良いでしょう。絶待の真理を表現する一つの言葉に全てが入ってしまうということです。そしてその絶待の真理を表現する一つの言葉とは何かというと、それは「清浄功徳」です。それを「入一法句」と言うのです。

一法句とは清浄句である、清浄句とは、国土荘厳十七種功徳の第一清浄功徳の、「観彼世界相　勝過三界道」という言葉です。それが涅槃清浄を顕し、真如法性を顕し、真実智慧無為法身を顕すということです。親鸞聖人には独特の読み方があります。日野家の伝統を受けた漢学者であり、また比叡山での仏教学を併せて読まれますから、我々の今の語感から見ると分かりにくいかもしれませんが、親鸞聖人はそれできっちりと読んでいらっしゃるのです。

「上の国土の荘厳十七句と、如来の荘厳八句と、菩薩の荘厳四句とを広とす。入一法句は略とす」。

三厳二十九種を広門とすると言うのです。「句」とは、たとえば清浄功徳、あるいは不虚作住持功徳という徳を顕す「句」のことです。「観彼世界相勝過三界道」というのが清浄功徳を顕す一句になるわけです。そのように「句」を数えると、国土の荘厳として十七句、仏の荘厳として八句、菩薩の荘厳として四句がある。しかしそれは一句に摂まる。「入一法句は略とす」と言う、その「一法句」が清浄功徳です。

「なんがゆゑぞ広略相入を示現するとならば」。それを広略相入を示現すると言います。そしてそれはなぜかと問います。三厳二十九種の広門は一法句に「入る」と言った。実は一法句に入るだけではない。一法句が三厳二十九種に入るという意味もある。この「入る」というのは広門が略門に入るだけではない。略門が広門に入るとも言えるのだというので「相入」という言葉が使われています。相入とは相互に入るという意味です。

なぜ広と略とが相入すると説かねばならないのか。その理由を述べて、「諸仏・菩薩に二種の法身あり。一つには法性法身、二つには方便法身なり。法性法身によりて方便法身を生ず。方便法身によりて法性法身を出す。この二の法身は、異にして分つべからず。一にして同じかるべからず。このゆゑに広略相入して、統ぬるに法の名をもつてす。菩薩、もし広略相入を知らざれば、すなはち自利利他するにあたはず」と言います。諸仏菩薩には法性法身・方便法身という二種の法身がある。ただしここで言う菩薩は八地以上の菩薩です。もちろんそれが完全な形で顕れるのは仏徳です。だから「諸仏菩薩に」と言うけれども「仏には」と見て良い。しかもここでは阿弥陀仏の浄土の徳を語るのですから、「阿弥陀仏には」と見て良いわけです。『論註』は一般論として語っていますが、阿弥陀仏の上で語ると、諸仏とは阿弥陀仏、菩薩とは法蔵菩薩です。法蔵菩薩と阿弥陀仏に二種の法身があるということです。その一つとは法性法身であり、二つには方便法身です。

その法性法身とは真如法性の徳を人格的に表現したものです。真如法性とは一法句です。略門一法句を人格的に表現すると法性法身になります。方便法身というのは広門差別相を人格的に表現したものです。方便というのは、この真如法性が衆生に自らの相を顕してくる、近づき顕れてくるから「方便」と言います。

広略相入するとは、方便法身と法性法身が相入することを顕します。どのように相入しているかというと、法性法身に由って方便法身を生ずる、つまり真如法性が自らの徳を顕現するために、言葉を超えた世界を言葉化してゆく。それが一つ。そしてもう一つが、方便法身に由って法性法身を顕す、つまり方便法身が法性法身の徳を顕しているということです。だから別物だけれども分かつことができない。また一つであるけれども、一方は言葉で表現されたもの、もう一方は言葉で表現できない真如の世界ですから、同じであるとは言えない。それを不一不異と言います。縁起の世界とはそういうものなのです。

たとえば「知るもの」と「知られるもの」とは別です。だけど「知るもの」というのは「知られるもの」を「知るもの」であって、何も知らない「知るもの」なんて存在しません。だから「知るもの」は「知られるもの」を知っているから「知るもの」なのです。そうしますと「知るもの」と「知られるもの」は、知ると知られるという状況に於いては別物ですけれども、「知るもの」の外に「知られるもの」はなく、「知られるもの」の外に「知るもの」はない。寧ろ「知られるもの」の上に「知るもの」は自らを表現しているし、「知るもの」は「知られるもの」を通して自己を顕してゆくわけです。よって「知るもの」と「知られるもの」は一にあらず異にあらずと言えます。それが縁起の相なのです。

二種の法身も同じように、別物でありながら別物でなく、同一でありながら同一でない。こういうわけだから広略相入して、「統ぬるに法の名をもつてす」。普通「統」という字は、「カヌル」とは読まない。「統」は普通「スブ」「ヲサム」と読みます。統摂です。しかし親鸞聖人は「カヌル」と読まれました。現行の辞書にはないけれども、親鸞聖人の読みは辞書の用例の一つになる。親鸞聖人がこう読んでいる、鎌倉時代にこういう読みが確認されれば、辞書に一項目を加えるべきです。

法性法身と方便法身を一つの「法身」という言葉で統摂している。法性も「法身」、方便も「法身」です。「法」という名で統摂している。そこで一法句に入ると言う。「法」という言葉でこの広略を統合してゆくのです。

次に、「菩薩、もし広略相入を知らざれば、すなはち自利利他するにあたはず」と言います。菩薩がもし広略相入ということを知らなかったら、広略相入という道理が正確に認識されていなければ、自利利他ができないと言うのです。なぜか。有即空を悟ることによって自利が完成します。空即有を説き顕すことによって利他が完成します。つまり法性法身によって自利を成就し、方便法身によって利他を成就する。浄土が広略相入の世界であるということによって自利利他を成就する。つまり浄土を観ずるとは、自利と利他を完成することだと言うのです。浄土を観察すればおのずから自利利他が成就してゆく。これが観察体相、つまり観察門というものの意味なのです。

さて先ほど「一法句に入る」と言いましたが、この一法句とは何かというと、「〈一法句とは、いはく清浄句なり。清浄句とは、いはく真実の智慧無為法身なるがゆゑに〉とのたまへり」と、『浄土論』の文を挙げています。一法句とは清浄句である。清浄句とは清浄功徳の一句のことです。清浄功徳は何かというと、真実の智慧を顕します。その真実の智慧が一法句であり清浄句である。真実の智慧は無分別智です。その無分別智は無為法身つまり法性法身です。

「この三句は展転してあひ入る」。三句というのは、「清浄句・一法句・真実智慧」です。これら三句が一つの体すなわち無為法身として、展転して相入る。つまり無為法身が言葉を変えれば清浄句とも言えるし、一法句とも言えるし、真実智慧とも言えるのです。イコールで結ばれてゆくけれども、それぞれに顕す内容が異なります。「一法句」は言葉を超えた絶対の真理の世界、「清浄句」は煩悩の垢に全く染まらない、煩悩を完全に寂滅した涅槃の境地、「真実智慧」は無分別智を顕します。無分別智によって清浄の徳が成就し、無分別清浄の徳のことを一法句と言います。このように三句がそれぞれの意味を持ちながら、実はある一つの事柄、無為法身という事柄を顕しているのです。そのことを、「なんの義によりてかこれを名づけて法とする、清浄をもつてのゆゑに。なんの義によりてか名づけて清浄とする、真実の智慧無為法身をもつてのゆゑなり」と言っています。少し分かりにくいですが、「清浄句とは真実の智慧を言う、それは無為法身だからである」と理解すれば良いと思います。

そうすると清浄句とは真実の智慧を顕す言葉となります。真実の智慧とは実相の智慧です。「真実の智慧は実相の智慧なり。実相は無相なるがゆゑに、真智は無知なり」とありますから、これは無知の智です。真如法性を悟る無分別智を指します。虚妄分別を超えた無分別智です。無分別智は、『論註』では実智とも言われます。権智に対して実智です。もちろん実智と言っても権智を即しています。権智を即した実智です。不二智です。分別を超えるのですから自他という分別を差し挟まないのです。

「無知」は無分別智のことです。真智は無分別智です。そこで無分別智によって悟られている真理、真理を悟っている無分別智、それを無為法身と言うのです。この無為法身は法性身です。

「法性寂滅なるがゆゑに法身は無相なり」。ここの「寂滅」は戯論寂滅です。つまり有無・善悪・自他というような分別が寂滅しているのです。そういう虚妄分別が寂滅したところに顕現する世界が法性です。だから法身は無相なのです。有無の分別智によって把握されるものではないから無相であると言うのです。

「無相のゆゑによく相ならざることなし」。相がないということは、虚妄分別を超えている。虚妄分別を超えた所にものの本当の在り方がある。それが「よく相ならざることなし」ということです。だから、「相好荘厳すなはち法身なり」ということが成立するのです。「無知のゆゑによく知らざることなし」も同じです。何も知らないということは一切を知っているということだと言うのです。対象として概念的に把握してゆく場合には知らないものが出てきます。これは知った、しかしそれは知らないということがあります。ところが対象的な知ではなくて、相手と一体になって内面的に知り得た、天地がこの天地をあらしめているような、その根源的なものと一体になって知った時には、天地を知るならば、知らないことがないということなのです。それを「一切種智すなはち真実の智慧なり」と言うのです。一切種智とは、一切を知る仏の智慧です。一切智・道種智・一切種智と三つに分けると、差別を知る道種智（有）、それから平等を知る一切智（空）、そしてその差別と平等が一如である一切種智（差無差無礙）です。差別と平等が一つであるということを知るのが一切種智、これは仏智なのです。ここでは一切種智を真実智慧と言っています。

「真実をもつてして智慧に目づくることは、智慧は作にあらず非作にあらざることを明かすなり」。真実という言葉で智慧を顕す、智慧の本質を顕す言葉です。それは智慧が、作と非作とを超えているからです。作は人間の造作です。作を超えるのは無分別智です。しかも非作をも超える、つまり無分別智を超えて後得智を顕すのです。真実の智慧は、実智と権智とが相即しているのです。

「無為をもつてして法身を樹つることは、法身は色にあらず非色にあらざることを明かすなり」。無為という言葉でもって法身を表現するということは、法身は色でも非色でもないことを顕すと言うのです。色とは認識の対象となるもの、非色は認識を超えたものです。

「非にあらざれば、あに非のよく是なるにあらざらんや」。これは分かりにくい言葉です。「非を非するは、あに非のよく是なるにあらざらんや」と読むと良いでしょう。非すること自体が是であるということを言っているのではない。ただ否定すれば良いということではないのです。**「けだし非な**

き、これを是といふなり」。否定することさえも不要となった世界が本当の意味での是なのだと言うのです。「おのづから是にして、また是にあらざることを待つことなきなり」。これは、「おのづから是にして待つことなき、また是にあらざるなり」と読んでおきましょう。否定を媒介にしないで、それ自体で肯定的に存在しているようなものは本当の存在ではないということです。つまり分別を超えて、分別を否定することによって、初めて存在が真実のありようを回復するのだということです。「是にあらず非にあらず、百非の喩へざるところなり」。是非を超えた所に、ものの本当の姿があるということなのです。「このゆゑに清浄句といへり。清浄句とは、いはく真実の智慧無為法身なり」。人間の分別の手垢を一切離れる、だから清浄なのだ。煩悩のはからいを完全に超えているのが真実智慧・無為法身だと結んでいます。

次に器世間・衆生世間の二種の清浄を釈してゆきます。

「この清浄に二種あり、知るべし」という『浄土論』の文に対して、『論註』は、「上の転入句のなかに、一法に通じて清浄に入る。清浄に通じて法身に入る。いままさに清浄を別ちて二種を出すがゆゑなり。ゆゑに〈知るべし〉といへり」と釈しています。「転入句」というのは一法句です。清浄句、真実智慧、無為法身です。一法、清浄、法身と言っています。一法句に通ずれば清浄・涅槃の境地に入る、清浄に通ずれば法身に入る。清浄を二種に開くからである。そのことを知りなさいと言うのです。

次にまた『浄土論』の文が掲げられます。「〈なんらか二種。一つには器世間清浄、二つには衆生世間清浄なり。器世間清浄とは、向に説くがごときの十七種の荘厳仏土功徳成就、これを器世間清浄と名づく。衆生世間清浄とは、向に説くがごときの八種の荘厳仏功徳成就と、四種の荘厳菩薩功徳成就と、これを衆生世間清浄と名づく。かくのごときの一法句に二種の清浄の義を摂すと、知るべし〉とのたまへり」。二種に開くというのは、器世間清浄と衆生世間清浄という二種の清浄に開くということです。その器世間清浄をさらに開けば十七種荘厳になり、衆生世間清浄を二つに分ければ仏功徳と菩薩功徳になり、仏功徳を開けば八種、菩薩功徳を開けば四種となる。一法句に二種の清浄が摂まっていることが分かるだろうと言うのです。

次に『論註』の釈です。「それ衆生は別報の体とす、国土は共報の用とす」。「別報の体、共報の用」というのは、業報論で、有情の業によって器世間と衆生世間が成立するのです。共業というのは他と共通して受ける。不共業は自分だけで、他と共通しない。共業によって感得するものを共報と呼び、不共業によって感得するものを別報とここでは呼んでいる。「体と用」とありますが、これは業報の主体と、その業報によって受用する領域、それが衆生と国土です。

「**体用一ならず。このゆゑに〈知るべし〉**」。主体とその主体が受用している境界とは別だ。だから一ではない。この二つ有ることを知りなさい。業報の世界には別報と共報がある。そこで主体と環境とが成立する。浄土も同じように主体である衆生世間と、そしてその衆生世間が受用する境界である器世間とがある。体と用の違いがあるから一つではない。一つではないけれども全く別物でもないということです。

「**しかるに諸法は心をして無余の境界を成ず**」。諸法はすべて心によって成立する。これは『華厳経』に、「三界は虚妄にしてただ一心の作なり」（六十巻本巻二十五、『大正蔵』九、五五八頁下）とあります。世界というのは虚妄分別によって描き出された領域だ。自己も世界も全て自分の虚妄分別が描き出した世界である。心は巧みな画家のようなものだ。種々の五蘊も描き出してゆく。心の如く仏もまたそうである。仏の如く衆生もまたそうである。心と仏と衆生の三者は差別がない。世界というのは虚妄分別、自己中心的な妄想によって描き出された世界であって、その妄念に対応するような実体は存在しないということです。何もないのではない。しかしそれは分別的に把握できるものではないのです。

「**衆生および器、また異にして一ならざることを得ず。すなはち義をして分つに異ならず、同じく清浄なり**」。衆生世間と器世間とは別である。先ほど言ったように体・用の違いがある。主体とその主体が受用する環境との違いがあるけれども、しかしそれは義によって分けただけのことであって、主体を離れた環境もなく、環境を離れた主体もない。だから全く別物というわけでもない。だから浄土を見れば如来が分かる。如来を見れば浄土が分かる。同じく清浄である。主体と環境というのは相互に成立させ合うのです。

「器は用なり。いはくかの浄土は、これかの清浄の衆生の受用するところなるがゆゑに、名づけて器とす」。器とは用の意です。清浄な衆生が用いる国土だから器と言うのです。

「浄食に不浄の器を用ゐれば、器不浄なるをもつてのゆゑに、食また不浄なり。不浄の食に浄器を用ゐれば、食不浄なるがゆゑに、器また不浄なるがごとし。かならず二つともに潔くして、いまし浄と称することを得しむ。ここをもつて一つの清浄の名、かならず二種を摂す」。清らかな食事を汚い器に盛れば、その器の汚さによって食事もまた汚くなってしまう。逆に汚い食物をきれいな器に盛ると、食物が汚いから器もまた汚くなってしまう。丁度そんなものだ。仏・菩薩も浄土も、どちらもが潔らかであるから浄と言えるのだ。清浄という言葉には必ず器世間清浄と衆生世間清浄の二種を必ず摂めていると言うのです。

そこで問答が設けられます。「問うていはく、衆生清浄といへるは、すなはちこれ仏と菩薩となり。かのもろもろの人天、この清浄の数に入ることを得んやいなやと」と問いを発します。浄土に人・

天が居ると言う。『無量寿経』にはそう書いてある。それがどういう意味を持つのかということです。仏・菩薩が清浄であるということは分かる。しかし人・天まで清浄だとは言えないではないか。人・天というのは迷いの境界です。だから浄土に人・天ありと言うのであれば、それは迷いの境界なのではないかと問うのです。たとえば天台宗や三論宗では、極楽は人・天の居る世界だから、凡聖同居の土であると言います。娑婆は凡聖同居の穢土、極楽は凡聖同居の浄土です。凡聖同居の穢土とは我々の住む娑婆世界です。ここには聖者も凡夫も居る。浄土にも凡夫・聖者が居ると言うのです。

では曇鸞大師の答を見てみましょう。「答へていはく、清浄と名づくることを得るは、実の清浄にあらず。たとへば出家の聖人は、煩悩の賊を殺すをもつてのゆゑに名づけて比丘とす、凡夫の出家のものをまた比丘と名づくるがごとし。また灌頂王子初生の時、三十二相を具して、すなはち七宝のために属せらる。いまだ転輪王の事をなすことあたはずといへども、また転輪王と名づくるがごとし。それかならず転輪王たるべきをもつてのゆゑに。かのもろもろの人天もまたまたかくのごとし。みな大乗正定の聚に入りて、畢竟じてまさに清浄法身を得べし。まさに得べきをもつてのゆゑに、清浄と名づくることを得るなりと」。清浄と名づけることはできるが本当の清浄ではない。この「実」とは如実のことで、真如法性に契っているということです。だから実の清浄というのは、少なくとも八地以上の菩薩です。『論註』では未証浄心の菩薩と浄心の菩薩とを区別します。この浄心は八地以上です。未証浄心は初地以上七地以下の菩薩です。浄土に往生したら少なくとも初地の位に入る。したがって地上の菩薩ではあるけれども、未だ真如法性に完全に契った行動ができるような所にまでは至らない、それが未証浄心です。それは清浄だけれども実の清浄ではない、そう見ているのです。

その譬えとして、煩悩を滅していない凡夫でも出家すれば比丘と呼ばれるようなものだと言います。また、転輪聖王の子は三十二相を具え七宝を持っているから、未熟であっても転輪聖王と呼ばれるようなものだ。それは必ず転輪聖王になるからだと言うのです。浄土に往生した者も、それと同じで、必ず大乗正定聚に入る。初地以上の菩薩となる。したがってもう悪道に退転することはない。自然に地位が昇進して、清浄法身、八地以上の菩薩の位に就くのは確実だ。だから未だ完全に清浄ではないけれども、清浄と名づけることができると言うのです。これで浄入願心章が終わり、次に善巧摂化章に入ります。

7 『論註』善巧摂化章

【本文】

善巧摂化《ぜんぎょうせっけ》とは、〈かくのごときの菩薩《ぼさつ》は、奢摩他《しゃまた》・毘婆舎那《びばしゃな》、広略修行《こうりゃくしゅぎょう》成就《じょうじゅ》して柔軟心《にゅうなんしん》なり〉とのたまへり。〈柔軟心《にゅうなんしん》〉とは、いはく広略《こうりゃく》の止観《しかん》、相順《そうじゅん》し修行《しゅぎょう》して、不二《ふに》の心《しん》を成《じょう》ぜるなり。たとへば水《みず》をもつて影《かげ》を取《と》るに、清《しょう》と静《じょう》とあひ資《たす》けて成就《じょうじゅ》するがごとしとなり。

〈実《じっ》のごとく広略《こうりゃく》の諸法《しょほう》を知《し》る〉とのたまへり。〈如実知《にょじっち》〉といふは、実相《じっそう》のごとくして知《し》るなり。広《こう》のなかの二十九句《にじゅうくく》、略《りゃく》のなかの一句《いっく》、実相《じっそう》にあらざることなきなり。

〈かくのごとき巧方便回向《ぎょうほうべんえこう》を成就《じょうじゅ》したまへり〉とのたまへり。〈かくのごとき〉といふは、前後《ぜんご》の広略《こうりゃく》みな実相《じっそう》なるがごときなり。実相《じっそう》を知《し》るをもつてのゆゑに、すなはち三界《さんがい》の衆生《しゅじょう》の虚妄《こもう》の相《そう》を知《し》るなり。衆生《しゅじょう》の虚妄《こもう》を知《し》れば、すなはち真実《しんじつ》の慈悲《じひ》を生《しょう》ずるなり。真実《しんじつ》の法身《ほっしん》を知《し》るは、すなはち真実《しんじつ》の帰依《きえ》を起《おこ》すなり。慈悲《じひ》と帰依《きえ》と巧方便《ぎょうほうべん》とは、下《しも》にあり。

〈なにものか菩薩《ぼさつ》の巧方便回向《ぎょうほうべんえこう》。菩薩《ぼさつ》の巧方便回向《ぎょうほうべんえこう》とは、いはく、礼拝等《らいはいとう》の五種《ごしゅ》の修行《しゅぎょう》を説《と》く、所集《しょしゅう》の一切《いっさい》の功徳善根《くどくぜんごん》は、自身住持《じしんじゅうじ》の楽《らく》を求《もと》めず、一切衆生《いっさいしゅじょう》の苦《く》を抜《ぬ》かんと欲《おぼ》すがゆゑに、作願《さがん》して一切衆生《いっさいしゅじょう》を摂取《せっしゅ》して、ともに同《おな》じくかの安楽仏国《あんらくぶっこく》に生《しょう》ぜしむ。これを菩薩《ぼさつ》の巧方便回向成就《ぎょうほうべんえこうじょうじゅ》と名《な》づく〉とのたまへり。王舎城所説《おうしゃじょうしょせつ》の『無量寿経《むりょうじゅきょう》』を案《あん》ずるに、三輩生《さんぱいしょう》のなかに、行《ぎょう》に優劣《うれつ》ありといへども、みな無上菩提《むじょうぼだい》の心《しん》を発《ほっ》せざるはなけん。この無上菩提心《むじょうぼだいしん》は、すなはちこれ願作仏心《がんさぶっしん》なり。願作仏心《がんさぶっしん》は、すなはちこれ度衆生心《どしゅじょうしん》なり。度衆生心《どしゅじょうしん》は、すなはちこれ衆生《しゅじょう》を摂取《せっしゅ》して有仏《うぶつ》の国土《こくど》に生《しょう》ぜしむる心《しん》なり。このゆゑに、かの安楽浄土《あんらくじょうど》に生《しょう》ぜんと願《がん》ずるものは、かならず無上菩提《むじょうぼだい》心《しん》を発《ほっ》するなり。もし人《ひと》無上菩提心《むじょうぼだいしん》を発《ほっ》せずして、ただかの国土《こくど》の受楽無間《じゅらくむけん》なるを聞《き》きて、楽《らく》のためのゆゑに生《しょう》ぜんと願《がん》ずるは、またまさに往生《おうじょう》を得《え》ざるべきなり。このゆゑに、〈自身住持《じしんじゅうじ》の楽《らく》を求《もと》めず、一切衆生《いっさいしゅじょう》の苦《く》を抜《ぬ》かんと欲《おぼ》すがゆゑに〉とのたまへり。〈住持楽《じゅうじらく》〉とは、いはく、かの安楽《あんらく》浄土《じょうど》は、阿弥陀如来《あみだにょらい》の本願力《ほんがんりき》のために住持《じゅうじ》せられて、楽《らく》を受《う》くること間《ひま》なきなり。おほよそ〈回向《えこう》〉の名義《みょうぎ》を釈《しゃく》せば、いはく、おのれが所集《しょしゅう》の一切《いっさい》の功徳《くどく》をもつて、一切衆生《いっさいしゅじょう》に施与《せよ》して、ともに仏道《ぶつどう》に向《む》かへしめたまふなりと。〈巧方便《ぎょうほうべん》〉とは、いはく、菩薩願《ぼさつがん》ずらく、おのれが智慧《ちえ》の火《ひ》をもつて一切衆生《いっさいしゅじょう》の煩悩《ぼんのう》の草木《そうもく》を焼《や》かんと、もし一衆生《いちしゅじょう》として成仏《じょうぶつ》せざることあらば、われ仏《ぶつ》にならじと。しかるに衆生《しゅじょう》いまだことごとく成仏《じょうぶつ》せざるに、菩薩《ぼさつ》すでにみづから成仏《じょうぶつ》せんは、たとへば火梂《かてん》して、一切《いっさい》の草木《そうもく》を擿《つ》〈擿《ちゃく》の字《じ》、排《はら》ひ除《のぞ》くなり〉んで焼《や》きて尽《つ》さしめんと欲《ほっ》するに、草木《そうもく》いまだ尽《つ》きざるに、火梂《かてん》すでに尽《つ》きんがごとし。その身《み》を後《のち》にして身《み》を先《さき》にするをもつてのゆゑに、巧方便《ぎょうほうべん》と名《な》づく。このなかに〈方便《ほうべん》〉といふは、いはく作願《さがん》して一切衆生《いっさいしゅじょう》を摂取《せっしゅ》して、ともに同《おな》じくかの安楽仏国《あんらくぶっこく》に生《しょう》ぜしむ。かの仏国《ぶっこく》はすなはちこれ畢竟《ひっきょう》成仏《じょうぶつ》の道路《どうろ》、無上《むじょう》の方便《ほうべん》なり。

【講讃】

『論註』下巻、善巧摂化章の文です。「善巧摂化」とは、利他教化の働きを言います。善巧方便をもって一切衆生を摂化してゆくのです。「善」は善妙で素晴らしい、「巧」は巧みです。「巧方便回向」という言葉がありますように、善巧方便とは、非常に巧みな方法手段をもって、衆生を摂取し教化することです。利他の働きなのです。

浄入願心に次いでこの善巧摂化が出ますのは、五念門の次第によっています。礼拝・讃嘆・作願・観察・回向の次第です。作願・観察によって柔軟心を成就した人は、必然的に一切衆生を教化しようとする。実相を知ったために、実相に背くものが見えてくる。実相に背くものが見えてくるから、それを憐れみ、そして本来の存在を回復させようという働きが出てくる。それが大悲方便なのです。そこで智慧・慈悲・方便が必然的に現れてくる。その智慧の完成を目指すのが奢摩他・毘婆舎那の行、いわゆる止観の行です。止観によって智慧が完成し、その智慧から大悲が起こり、そして大悲回向が始まる。衆生救済の回向が始まるので、その回向を善巧摂化と言ったのです。善巧摂化章は回向門の相なのです。還相回向は正に善巧摂化の相です。回向門の中でも、穢土における回向と言うよりも、浄土からの回向を言います。それを還相と言います。『論註』は、浄土に往生した菩薩の回向相を、還相と呼んだのです。だからここに還相が出てくるのです。その還相が出てくる根源として浄入願心が問題になった。そして次に、回向門の相を論ずるのが善巧摂化章です。

さて「善巧摂化」というのは、これは『論註』下巻十章の中の表題です。その第四章の浄入願心章が終わりましたから、今度は第五章の善巧摂化章に入るわけです。

まず「善巧摂化とは」と言って、『浄土論』の文を挙げます。「〈かくのごときの菩薩は、奢摩他・毘婆舎那、広略修行成就して柔軟心なり〉とのたまへり」。『論註』の親鸞聖人加点本では、「かくのごとく菩薩、奢摩他・毘婆舎那、広略に修行して柔軟心を成就す」と読んであります。このように菩薩は奢摩他・毘婆舎那をもって、ここまでは同じです。奢摩他は「止」、毘婆舎那は「観」で、「止観」です。奢摩他は心を静めて一つの対象に集中すること、毘婆舎那は智慧をもって対象を明らかに知ることです。心を静め智慧をもって対象を正確に認識することを「止観」と言います。五念門の中の作願・観察が奢摩他・毘婆舎那です。このように菩薩は奢摩他・毘婆舎那すなわち止観をもって「広略に修行して」と読んでありますが「広略に修行する」と言いますと修行の有様を広略と言ったことになります。「広略に修行する」というのは少し言葉が適切ではなく、むしろ「広略修行」と読んだ方が良い。「広略修行」あるいは「広略の修行」の方が良いかもしれません、広略相入を確認するということなのです。広略相入という浄土の有様を正確に認識してゆく修行なのです。広略相入という浄土の有様を奢摩他・毘婆舎那をもって、如実に体得してゆく修行を完成して、それによって柔軟心がその人の上に完成するということです。「修行成就して柔軟心なり」は、「修行して柔軟心を成就す」と読んだ方が良いでしょう。ですから「菩薩は奢摩他・毘婆舎那をもつて広略修行して柔軟心を成就す」と読みましょう。広略相入の実相を体得してゆく修行を行って、そしてそれによって柔軟心と言われる心境を完成すると言うのです。「柔軟」というのは「ヤハラカナリ」と註してありますように、「柔」も「軟」もどちらも柔らかいということです。柔らかいというのは弾力性があるということで、剛直に対して柔軟です。剛直というのは心が固い、ある一つの事柄に詰まってしまって融通がきかないことです。それに対して柔軟は柔らかく、その状況状況に応じて変化できるような状況です。この場合の剛直は一つの事柄に執着し束縛されている状態、柔軟は何者にも執着しない、束縛されていない臨機応変に動ける状態を言います。

曇鸞大師はそれを「不二心」と言っています。柔軟心とは不二心だと。不二心とは、己を空しくして一切と一つに溶け合った状態です。知るものと知られるものとが一つになっている状態です。そして有と空、有と無、相と無相、全てが対立を離れて融通無礙なる状態を柔軟心と言うのです。天台宗では円融という言葉を使います。この円融に一番近い言葉が柔軟という言葉でしょう。あなたと私とが一つに融け合うというような、もちろんそんなに簡単ではない、悟りの境地なのです。

「〈柔軟心〉とは、いはく広略の止観、相順し修行して、不二の心を成ぜるなり。たとへば水をもつて影を取るに、清と静とあひ資けて成就するがごとしとなり」。止と観とが相まって広略相入という状況を正確に体得してゆく修行が完成することによって、不二心が成就する、その不二心を柔軟心と言うのです。止と観とが相順するとは、たとえば水に影が映るような状態だと言います。水が静かであること、そして清らかであること、その条件を満たすと、水に鮮やかに影が映る。ちょうどそのように、心が静まり、煩悩の濁乱の心が静まると、真如法性の相が顕現してくる。それを止観と言う。止によって煩悩の心を静め、乱れる心を静め、そして観によって対象を正確に知る、認識する。それが止観相順で、そういう修行によって広即略、略即広、広略相入という、そういう実相を体得した相を不二心と言うのです。

次に、「〈実のごとく広略の諸法を知る〉とのたまへり」と、『浄土論』の文を挙げます。「実のごとく知る」とは、そのもののあるがままの相をあるがままに知ることです。それは、広略相入しているという諸法の実相を知ることです。浄土を知るということは、ものの本当の姿を知ることです。

この文を釈して曇鸞大師は、「〈如実知〉といふは、実相のごとくして知るなり。広のなかの二十九句、略のなかの一句、実相にあらざることなきなり」と言います。「如」とは「契う」ということです。ぴったりと一致することを契如と言います。だから「実相のごとく」というのは実相に契って知るということです。如実知というのは実相に契って知る、実相を実相の通りに知ることです。実相に契って知るとは、広門二十九種と略門一法句とを正確に知ることです。広門・略門、広略相入している状態、それが実相です。広も実相、略も実相、つまり広略相入している状態が本当の在り方なのです。もののあるがままなるあり様を実相と言い、それを「如（タター）」と言います。自己中心的な人間の思意を交えない、人間が分別しないで、もののあるがままのあり様を知ること、それが実相を知るということなのです。

次にまた、「〈かくのごとき巧方便回向を成就したまへり〉とのたまへり」と、『浄土論』の文を挙げます。五念門を修行している菩薩は、奢摩他・毘婆舎那をもって浄土の広略相入の相を正確に体得して、それによって柔軟心と言われる不二心を完成する。柔軟心は智慧ですから、一切が一如であることを知る。その一如の智慧によって、真如に契って諸法の実相、広略相入している差別即平等、平等即差別という広略相入の相を知る。このようにして智慧が完成するから、巧方便回向が成就してゆくわけです。

それを釈して曇鸞大師は、「〈かくのごとき〉といふは、前後の広略みな実相なるがごときなり」と言います。「かくのごとき」とは、広も略もみな実相であることを言う。つまりは、先ほど言ったようなことです。

「実相を知るをもつてのゆゑに、すなはち三界の衆生の虚妄の相を知るなり」。実相を知るということが、すなわち三界の衆生の虚妄の相を知るという結果をもたらすのです。もののあるがままの相、本当の相を知るから、本当に背いているあり方が分かる、本物を知るから、偽物が分かる。これは何でもそうです。本物をまず知る、そうしたら偽物が分かるということです。偽物ばかり見ていたら本物は分かりません。だから書画骨董を見る時はまず良い物を見ることです。実相を知るから、本物を知るから偽物が分かる。

「衆生の虚妄を知れば、すなはち真実の慈悲を生ずるなり」。虚妄を知れば慈悲を生ずる。あってはならないあり方をしているという相が見えてくるから、そこで本来のあり方、本来の相に帰さなければならないという慈悲の心が起きてきて、そしてその本来の相に帰させるためにはどうすれば良いかという方法論が問題になってくる。ここに方便が出てくるのです。智慧・慈悲、そして方便というものが出てくるわけです。

「真実の法身を知るは、すなはち真実の帰依を起すなり。慈悲と帰依と巧方便とは、下にあり」。「真実の法身」とは真如法性のことで、真如法性を知れば、すなわちその真如法性によって生きようとする気持ちが生まれてくる。「帰依」は「帰」も「依」もどちらも「よる」ということです。そこに帰ってゆこう、真実に帰ろう、真実によって生きようという気持ちが生まれてくる。その真実によって生き、真実に帰ろうとする生き方を菩提心と呼びます。だから真実の帰依を起こすということは菩提心を起こすと言っても良い。よって慈悲・帰依・巧方便という問題について、後に述べると言うのです。

次にまた、「〈なにものか菩薩の巧方便回向。菩薩の巧方便回向とは、いはく、礼拝等の五種の修行を説く、所集の一切の功徳善根は、自身住持の楽を求めず、一切衆生の苦を抜かんと欲すがゆゑに、作願して一切衆生を摂取して、ともに同じくかの安楽仏国に生ぜしむ。これを菩薩の巧方便回向成就と名づく〉とのたまへり」と、『浄土論』の文を挙げます。菩薩の巧方便回向とはどういうことかと問います。この場合の方便は衆生救済の具体的な方法のことです。先に説いた礼拝等の五種の行を修めて集めた一切の善根を、自分の幸せのために用いないで、一切衆生の苦を取り除いてゆこうとする。それを巧方便回向と言うのです。そして一切衆生と共に、彼の安楽仏国に生れようと作願する。そういう願いを起こすことを、菩薩の巧方便回向成就と名づけると言うのです。

その文を釈するにあたり、曇鸞大師はまず『無量寿経』三輩段に言及します。「**王舎城所説の『無量寿経』を案ずるに、三輩生のなかに、行に優劣ありといへども、みな無上菩提の心を発せざるはなけん。この無上菩提心は、すなはちこれ願作仏心なり。願作仏心は、すなはちこれ度衆生心なり。**

度衆生心は、すなはちこれ衆生を摂取して有仏の国土に生ぜしむる心なり。このゆゑに、かの安楽浄土に生ぜんと願ずるものは、かならず無上菩提心を発するなり。もし人無上菩提心を発せずして、ただかの国土の受楽無間なるを聞きて、楽のためのゆゑに生ぜんと願ずるは、またまさに往生を得ざるべきなり」。

『無量寿経』三輩段には、上・中・下の三輩ともに共通して説かれていることが二つあります。一つは、「一向専念無量寿仏」ということ、もう一つは「発菩提心」です。曇鸞大師は三輩ともに菩提心を発すということが共通している所に注目しています。ここでは念仏のことは一切言われていません。

ところが後に法然聖人は、三輩すべてに共通している「一向専念無量寿仏」という言葉を中心にしまして、三輩は念仏往生を顕していると見られます。他の行は捨てものとして説かれたもので、念仏だけが往生の行であるということを顕すために、「一向専念無量寿仏」と説いてあるとおっしゃいます。「一向」とは「ひたすら」ということですから、それ以外の行を交えないということです。専念というのは専ら念ずるということですから、一向専念とは、余行を交えないということを意味しているのです。したがって上・中・下の三輩、それぞれ色々な行が説いてあるけれども、それは念仏一行の専修ということを顕すためにある。念仏のほかは捨てものであって、ただ念仏だけが決定往生の行としてあるのだ。諸行は廃のために、念仏は立のために説くという、「廃立」を顕すために、「一向専念無量寿仏」と念仏を説き、そして菩提心等の諸行を説いたのだ。法然聖人はそうおっしゃるのです。ここでは菩提心は諸行の中に入ります。自力の行として捨てものの中に入ってしまうのです。それは法然聖人の特徴です。つまり法然聖人は、「一向専念無量寿仏」という三輩に共通したものを取り出して、しかもそこで「一向専念」と言われたその言葉に着眼して、念仏以外の行、諸行を、菩提心をもひっくるめて全部自力の行として、捨てるべきものと見なされました。それは、「三輩の行に優劣ありといえども、みな無上菩提心を発さざるはなし」と言われた曇鸞大師の立場とは違うのです。

ここでは曇鸞大師は、上輩は勝れており、中輩下輩は劣っているから、三輩の行に優劣はあるけれども、三者に共通しているのは無上菩提心を発すということである、この無上菩提心を発すということが、これが浄土往生の一番重要な問題であるとおっしゃいます。つまり行が勝れていようと劣っていようと、菩提心があるかないか、これによって往生できるかできないかが決定する。その意味で菩提心が正因であって、行の方は、極端に言うと、あってもなくても、菩提心だけあれば往生できるという立場で三輩段を見て、「行に優劣ありといへども、みな無上菩提心を発せざるはなけん」とおっしゃるのです。

この両者の立場を、親鸞聖人が統合されます。法然聖人が諸行の一つとして選び捨てた菩提心は、これは自力の菩提心だから選び捨てられたのだ。曇鸞大師が無上菩提心を往生の決定的な因であるとご覧になったのは、これは他力の菩提心、他力の信心の徳を顕したのだと言うのです。それから法然聖人が、三輩通じて「一向専念無量寿仏」と言われた、それを問題にしたのは、これは念仏一行が如来によって選び取られた選択本願の行だからで、選択本願の行である念仏を決定往生の行業と見たからです。それでは曇鸞大師は念仏をどう見ているかというと、ここでは念仏を論じていません。しかし後に、下巻の一番最後の三願的証の所で、往生の因を誓った願として第十八願を出されます。そこに、「十念の念仏をもつてすなはち往生を得」と言われています。よって往生の因として十念の念仏を出されていると見ることが可能です。五念門行を十念の念仏に統合したと見ることが可能であるということで、親鸞聖人は、曇鸞大師の菩提心釈と、法然聖人の専修念仏という、二つの立場を統合してゆくのです。そして信は菩提心であり、行は念仏である。つまり信心を発して念仏するということは、菩提心を発して念仏するということであって、これが大変重要な意味を持つのだという、そういうことを釈顕してゆかれるのです。

菩提心には自力の菩提心と他力の菩提心とがある。法然聖人が「捨てよ」とおっしゃったのは自力の菩提心であり、曇鸞大師が勧められたのは他力の菩提心であると見るのです。それを顕すために親鸞聖人は、二双四重の教判を立てられます。横超の菩提心、横出の菩提心、竪超の菩提心、竪出の菩提心という風に菩提心に二双四重を立てまして、そして自力の菩提心を捨てて、他力の菩提心に帰せよということを示されました。そのことは「信文類」の菩提心釈（『註釈版聖典』二四六～二四九頁）に述べられています。

さて話を『論註』に戻します。『論註』善巧摂化章では、三輩通じて発無上菩提心が説かれていることに注目されています。無上菩提心とは、仏になろうと願う心、願作仏心です。仏とは自利利他円満の徳を完成した方です。したがって仏になろうと願う心は、そのまま仏の如く一切衆生を済度しようと願う心、度衆生心であるということです。この度衆生心とは、衆生を摂取して、「有仏の国土」つまり阿弥陀仏の浄土へ往生させ、そこで悟りを完成させようという心だと言うのです。だから浄土に生まれようと願う者は、必ず無上菩提心を発さなければならない。もし無上菩提心を発さないで、ただ彼の国は幸せ一杯だということを聞いて、楽を求めて生まれようと願う者は、浄土に往生できないと言うのです。

菩提心なく、自分の楽のために往生を願うことを、為楽願生と言います。曇鸞大師はそれを否定したのです。同じように善導大師の『観経疏』「玄義分」でも、為楽願生が否定されています（『註釈版聖典（七祖篇）』三二一～三二五頁）。そこでは、願だけがあって行がない者は往生できないと言われています。浄土へ生まれたいと願うだけで、少しも行を実践しようという心がない、念仏を実践しようという心がない者は往生できない。ただ往生を願うだけでは駄目だ。行の実践がなければ駄目だと言っています。『摂大乗論』に、ただ発願のみして、行を伴わない者は、それは別時意、すなわち遠い未来にその願いが実現する可能性があるかもしれないけれども、すぐには往生できないと説かれています。それはその通りだ。願だけがあって行がないような者は往生できない。浄土に生まれたいという願いだけがあって、行を伴わないというのはどういうことかと言うと、結局浄土が楽しい世界だと思うだけで、そこにおいて仏道の完成を期する、悟りを開かせて頂くということを喜び願う心がないということなのです。仏道の完成を期する心が発れば、当然その如来の名を称え、そして如来の徳を讃仰するという、そういう実践が生じてくるはずですが、それが起きてこないということは、ただ自分の楽のためにのみ浄土を願っているわけです。それを為楽願生と言うのです。

曇鸞大師は菩提心なくして浄土を願生する者を批判し、善導大師は念仏の行なくして浄土に生まれたいと願うだけの者を批判します。一方は菩提心がないことを批判し、一方は行がないことを批判しています。それは三輩段の理解の中で、菩提心に重点を置くか、それとも念仏に重点を置くかの違いです。善導大師・法然聖人は「一向専念無量寿仏」という行に主眼を置き、曇鸞大師は「発菩提心」に主眼を置くのです。

それで曇鸞大師はここに、「このゆゑに、〈自身住持の楽を求めず、一切衆生の苦を抜かんと欲すがゆゑに〉とのたまへり」と、『浄土論』の文を掲げて、これを釈してゆきます。自分だけの幸せを求めているような、そういう自利中心の心を捨てて、一切衆生の苦を取り除こうとするのであるという文です。

自身住持の楽を求めない。それは一切衆生の苦を抜こうと思うからです。あるいは「自身住持の楽を求めず、一切衆生の苦を抜かんと欲す」とここで切ってしまって、そして「ゆゑに」を下に付ける。「ゆゑに一切衆生を摂取して、ともに彼の安楽国に生まれんと作願するなり」と読む。『浄土論』はそう読む方が良い。しかしここでは「故」を上に付けてあります。曇鸞大師は「故」という字を上に付けます。「一切衆生の苦を抜かんと欲するがゆゑなり」という読み方になります。この「故」という字を、上の句に付けるか下の句に付けるかで、上の句が下の句に対する理由句になる場合と、上の句の中で第一句と第二句とが理由句と結論になる場合とがありますので、注意しなければなりません。

「故」を上に付けまして、「一切衆生の苦を抜かんと欲するがゆゑに」と読みますと、一切衆生の苦を抜かんと欲するが故に行じた五念門であるから、その一切の善根は自身住持の楽を求めないのだということになります。「故」を下に付けますと、集めた一切の功徳善根は自身住持の楽を求めないで「一切衆生の苦を抜かんと欲する」とここで切って、「ゆゑに作願して一切衆生を摂取して、ともに同じくかの安楽仏国に生ぜしむ。これを菩薩の巧方便回向成就と名づく」となります。そうすると、自分の幸せのための行としないで一切衆生を済度しようとする、そういう利他の心によって五念門行というのが行ぜられた。だからこの五念門行を行ずる菩薩は願いを発して一切衆生を救って、自分と同じように阿弥陀仏の極楽世界に生まれさせようと願う。それを菩薩の巧方便回向と名づけるのだという意味になるわけです。だから「故」を上に付けるのと下に付けるのとで意味が変わります。どちらが正しいのか、よく分からないのです。ただ『浄土論』は「故」を下に付け、曇鸞大師は「故」を上に付けています。

これによって曇鸞大師の独自の解釈が出てきます。「住持」は確かに支える、「楽」は幸せです。日本語の「幸せ」あるいは「幸福」という言葉とは少し意味が違いますが、一応「幸せ」と見ておきましょう。「住持楽」とは、阿弥陀仏の本願力によって住持せられて、しっかりと受け保たれて、そしてひまなく楽を受ける世界が安楽浄土であるということです。そうすると「自身住持の楽を求めず」というのは、自分が極楽へ往って、阿弥陀仏に支えられて幸せを受けることを「自身住持楽」と言ったということです。意味が相当変わってくるのです。曇鸞大師はそう理解しています。『浄土論』はそういうことを言っているのではないのです。五念門の行に支えられて、その五念門の行の徳としての幸せを自分が受けるということです。五念門行を行った、その五念門行の徳によって自分がそれだけの行徳を確かに身につけているのですから、そこで自分がその徳を享受することを「自身住持楽」と言ったのです。

親鸞聖人はさらに意味を変えます。この菩薩というのは実は願生の菩薩ではなくて法蔵菩薩であると見るのです。法蔵菩薩が自身住持の楽を求めないで一切衆生の苦を抜こうとすることを巧方便回向と言うのだという理解です。このように三段階に意味が展開するのです。

次に曇鸞大師は、「巧方便回向」の意味を釈されます。まず「回向」から始まります。回向というのは回転趣向です、善根功徳を違った方向に向けてゆくことで、これが回転趣向です。普通は自分が善根功徳を積んだら、その善根功徳の果報を、この世の幸せのために、この世で名利を満足させるために使います。けれども仏道は違う。一切の行を回向しなければいけない。ではどこに回向するのかということについて、『大乗義章』という書物に詳しく説かれています。曇鸞大師と善導大師の丁度中間ぐらいに出てくる人で、浄影寺の慧遠という人の著述です。曇鸞大師よりも後の人ですが、しかし非常に参考になります。

『大乗義章』（巻十九、『大正蔵』四四、六三六頁下～六三七頁上）に、回向に二つあると言います。回向というのは回転趣向、回転して趣き向かう、つまり方向転換することです。自分が行った修行の功徳を方向転換する。つまり名利を求めるというのは普通の常識なのですけれども、その方向を転換する。これを回転趣向と言う。それからもう一つは挟善趣求、善を差し挟んで趣き求めるということです。そのように回向という言葉は①回転趣向と②挟善趣求という二つの意味を持ちます。挟善趣求という場合には、善根功徳を修して、その善根功徳を差し挟んで趣求するというのは、自分が獲得した善根功徳の持つ徳を、違った方向に当ててゆくことです。これは善根回向です。心の方向を転換するだけの回転趣向とは異なるのです。その善根回向の中に、①菩提回向、②衆生回向、③実際回向という、三種の回向があると言います。菩提回向というのは悟りに向かうことです。それがここで言うところの願作仏心です。その修行は仏になるための修行、悟りを開くための修行です。つまり世俗を越えるための修行であって世俗の名利を享受するためには用いない。善根功徳を行えば当然色々な報酬がありますが、その報酬を拒絶して、自らは清貧に甘んずるということがあります。そして全てを菩提に向けてゆくのです。ではその善根功徳はどうするのかというと、自分が世俗を超えて一切衆生に回向するというのが度衆生心です。だから度衆生心が衆生回向になる。それから実際回向の「実際」というのは真如法性です。空に裏付けられて一切は空であると知って願作仏心・度衆生心、回向を成就してゆくということです。だから何の執着もない回向が成就するということになるのです。これが浄影寺慧遠の言う三種回向です。

『論註』が重視しているのは、浄影寺慧遠が言うところの衆生回向です。ここに曇鸞大師は、「〈回向〉の名義を釈せば、いはく、おのれが所集の一切の功徳をもつて、一切衆生に施与して、ともに仏道に向かへしめたまふなりと」と釈しています。

ただし親鸞聖人はここに二つの意味を見ます。一つは法蔵菩薩の回向、もう一つは還相の菩薩の回向です。還相の菩薩の回向も如来によってなさしめられる回向だと見られたのです。

次に曇鸞大師は、「巧方便」を釈されます。「〈巧方便〉とは、いはく、菩薩願ずらく、おのれが智慧の火をもつて一切衆生の煩悩の草木を焼かんと、もし一衆生として成仏せざることあらば、われ仏にならじと。しかるに衆生いまだことごとく成仏せざるに、菩薩すでにみづから成仏せんは、たとへば火棕して、一切の草木を擿（擿の字、排ひ除くなり）んで焼きて尽さしめんと欲するに、草木いまだ尽きざるに、火棕すでに尽きんがごとし。その身を後にして身を先にするをもつてのゆゑに、巧方便と名づく。このなかに〈方便〉といふは、いはく作願して一切衆生を摂取して、ともに同じくかの安楽仏国に生ぜしむ。かの仏国はすなはちこれ畢竟成仏の道路、無上の方便なり」。

巧方便というのは巧みな方便ということで、己の智慧の火をもって一切衆生の煩悩の草木を焼こうとすることである。そしてもし一人でも仏に成らないようなことがあるならば、私も仏に成りませんと願うことだと言います。しかし未だ衆生が悉く成仏していないのに、菩薩が先に成仏してしまう。それが巧方便だと言うのです。これは法蔵菩薩のことを言っているようです。「若不生者、不取正覚」と誓いながら、衆生が仏に成る前に自分が仏に成っているでしょう。阿弥陀仏に成っているでしょう。その相が巧方便だと言うのです。

これによって何が分かるかというと、仏は衆生の往生を保証する、全く利他のための仏であること、いわゆる為物身、あるいは方便法身であるということです。つまり仏とは自分の悟りのための仏ではなくて、衆生の往生を保証するために仏であるということが分かるのです。

これを譬えて、火箸で一切の草木を摘んで焼き尽くそうとすると、草木が未だ焼き尽くされていないのに火箸の方が先に焼けてしまうようなことだと言っています。自身を後にと願いながら、先に成仏してしまうから、善巧方便と言う。方便とは、願いを発して一切衆生を救って、共に彼の安楽仏国に生まれようと願うことである。だから阿弥陀仏の浄土は仏となるための究極の道であり、最高の手段方法であると言うのです。

8 『論註』障菩提門章、順菩提門章

【本文】

障菩提門《しょうぼだいもん》とは、〈菩薩《ぼさつ》かくのごとくよく回向成就《えこうじょうじゅ》したまへるを知《し》れば、すなはちよく三種《さんしゅ》の菩提門《ぼだいもん》相違《そうい》の法《ほう》を遠離《おんり》するなり。なんらか三種《さんしゅ》。一《ひと》つには智慧門《ちえもん》によりて、自楽《じらく》を求《もと》めず、わが心自身《こころじしん》に貪着《とんじゃく》するを遠離《おんり》せるがゆゑに〉とのたまへり。進《すす》むを知《し》りて退《しりぞ》くを守《まも》るを〈智《ち》〉といふ。空無我《くうむが》を知《し》るを〈慧《え》〉といふ。智《ち》によるがゆゑに自楽《じらく》を求《もと》めず、慧《え》によるがゆゑにわが心自身《こころじしん》に貪着《とんじゃく》するを遠離《おんり》せり。

〈二《ふた》つには慈悲門《じひもん》によれり。一切衆生《いっさいしゅじょう》の苦《く》を抜《ぬ》いて、無安衆生心《むあんしゅじょうしん》を遠離《おんり》せるがゆゑに〉とのたまへり。苦《く》を抜《ぬ》くを〈慈《じ》〉といふ。楽《らく》を与《あた》ふるを〈悲《ひ》〉といふ。慈《じ》によるがゆゑに一切衆生《いっさいしゅじょう》の苦《く》を抜《ぬ》く。悲《ひ》によるがゆゑに無安衆生心《むあんしゅじょうしん》を遠離《おんり》せり。

〈三《み》つには方便門《ほうべんもん》によれり。一切衆生《いっさいしゅじょう》を憐愍《れんみん》したまふ心《こころ》なり。自身《じしん》を供養《くよう》し恭敬《くぎょう》する心《こころ》を遠離《おんり》せるがゆゑに〉とのたまへり。正直《しょうじき》を〈方《ほう》〉といふ。おのれを外《ほか》にするを〈便《べん》〉といふ。正直《しょうじき》によるがゆゑに一切衆生《いっさいしゅじょう》を憐愍《れんみん》する心《こころ》を生《しょう》ず。おのれを外《ほか》にするによるがゆゑに自身《じしん》を供養《くよう》し恭敬《くぎょう》する心《こころ》を遠離《おんり》せり。〈これを三種《さんしゅ》の菩提門相違《ぼだいもんそうい》の法《ほう》を遠離《おんり》すと名《な》づく〉と。

順菩提門《じゅんぼだいもん》とは、〈菩薩《ぼさつ》はかくのごとき三種《さんしゅ》の菩提門相違《ぼだいもんそうい》の法《ほう》を遠離《おんり》して、三種《さんしゅ》の随順菩提門《ずいじゅんぼだいもん》の法《ほう》、満足《まんぞく》することを得《え》たまへるがゆゑに。なんらか三種《さんしゅ》。一《ひと》つには無染清浄心《むぜんしょうじょうしん》。自身《じしん》のためにもろもろの楽《らく》を求《もと》めざるをもつてのゆゑに〉とのたまへり。菩提《ぼだい》はこれ無染清浄《むぜんしょうじょう》の処《ところ》なり。もし身《み》のために楽《らく》を求《もと》めば、すなはち菩提《ぼだい》に違《い》しなん。このゆゑに無染清浄心《むぜんしょうじょうしん》は、これ菩提門《ぼだいもん》に順《じゅん》ずるなり。〈二《ふた》つには安清浄心《あんしょうじょうしん》。一切衆生《いっさいしゅじょう》の苦《く》を抜《ぬ》くをもつてのゆゑに〉とのたまへり。菩提《ぼだい》はこれ一切《いっさい》衆生《しゅじょう》を安穏《あんのん》する清浄《しょうじょう》の処《ところ》なり。もし作心《さしん》して一切衆生《いっさいしゅじょう》を抜《ぬ》きて生死《しょうじ》の苦《く》を離《はな》れしめずは、すなはち菩提《ぼだい》に違《い》しなん。このゆゑに一切衆生《いっさいしゅじょう》の苦《く》を抜《ぬ》くは、これ菩提門《ぼだいもん》に順《じゅん》ずるなりと。

〈三《み》つには楽清浄心《らくしょうじょうしん》。一切衆生《いっさいしゅじょう》をして大菩提《だいぼだい》を得《え》しむるをもつてのゆゑに、衆生《しゅじょう》を摂取《せっしゅ》してかの国土《こくど》に生《しょう》ぜしむるをもつてのゆゑに〉とのたまへり。菩提《ぼだい》はこれ畢竟常楽《ひっきょうじょうらく》の処《ところ》なり。もし一切《いっさい》衆生《しゅじょう》をして畢竟常楽《ひっきょうじょうらく》を得《え》しめずは、すなはち菩提《ぼだい》に違《い》しなん。この畢竟常楽《ひっきょうじょうらく》はなににによりてか得《う》る、大乗門《だいじょうもん》によるなり。大乗門《だいじょうもん》とは、いはくかの安楽仏国土《あんらくぶっこくど》これなり。このゆゑにまた〈衆生《しゅじょう》を摂取《せっしゅ》してかの国土《こくど》に生《しょう》ぜしむるをもつてのゆゑに〉とのたまへり。〈これを三種《さんしゅ》の随順菩提門《ずいじゅんぼだいもん》の法《ほう》、満足《まんぞく》せりと名《な》づくと、知《し》るべし〉と。

【講讃】

次に障菩提門と順菩提門です。

少しおさらいをしますと、浄土を観察することによって広略相入という諸法実相の道理を体得する。それは智慧です。諸法実相の道理を体得する智慧によって柔軟心を成就する。一切が空であって執着すべきものは何もないという、空・無我の道理を体得する。そして何物にも執着することのない心境が完成する。その何物にも執着することのない心、それが柔軟心です。それによって自利が完成する。実相を知る智慧が成就する。そうすると、その実相に背くものが見えてくる。だから実相に背くものを救ってゆこうという働きが生ずる。その大悲から出てくる具体的な救済活動を方便と言います。こうして巧方便回向、巧みな方便によって自身の行徳の全てを衆生に与えて、そして衆生を救済し悟りを完成させるように働くのです。その巧方便回向は具体的には、衆生を救って安楽浄土に生まれさせることです。それが本当の意味の利他になる。なぜなら安楽浄土は大乗の法義が完成されている世界だから、安楽浄土に生まれれば必然的に大乗の悟りがそこで完成します。そういうことを目指すのが巧方便回向です。この巧方便回向によって自利と利他とが成就する。

その具体的な行動の一つとして、菩提を妨げる三種の悪い心を遠離する。それは同時に菩提に随順する三種の良い心を完成することになる。その三種の心とはどのようなものかということを、これから述べてゆくわけです。

まず三種の菩提門相違の法を遠離する、その三種とは何かというと、『浄土論』には、まず第一に、「一つには智慧門によりて、自楽を求めず、わが心自身に貪着するを遠離せるがゆゑに」と説かれています。まず第一に、智慧が完成したことによって自楽を求めないようになる。自楽を求めないようになるということは、我が身に貪着することを遠離するということです。智慧門によって一切が空であると悟る。空無我の理を悟るから自己中心的な想念をもって自身に貪着するようなことを遠離するわけです。

この文に対して『論註』は、「智」「慧」という文字を釈してゆきます。智慧の智は「進むを知りて退くを守るを〈智〉といふ」。それから慧は「空無我を知るを〈慧〉といふ」と言っています。「進むを知りて退くを守る」というのは、自利利他円満の仏果に進むべきことを知って、そして自利中心の心に退いてしまうことを守るのです。退かなくなるように自分の心を守るのです。菩提心を守るのです。それを智と言います。それから、空・無我を知ることを慧と言う。

次に第二に慈悲門です。慈悲門によって一切衆生の苦を抜く。「無安衆生心を遠離せるがゆゑに」は、「衆生を安んずることなき心を遠離するがゆゑに」と読んでも良い。衆生を安んずることなき心が障菩提心です。一切衆生を安らかならしめる心が慈悲の心です。

この文に対して『論註』は、「慈」「悲」という文字を釈します。抜苦を慈、与楽を悲と言う。これは実は反対なのです。だけどこういう釈もあるのです。慈と悲はマイトリーとカルナーですので、反対なのですが、慈悲という一つの熟語を作ってしまって、慈悲は抜苦与楽だと言ってしまうのです。

それから三番目は方便門です。方便門は一切衆生を憐愍する心です。それによって自身を供養し恭敬する心を遠離するのです。供養と恭敬とは元々は同じ意味です。恭敬は敬い尊ぶ。恭敬の心によって衣服・飲食・香華などを仏や仏弟子に捧げる、それが供養です。自分自身を供養恭敬するということは、衣服・飲食・香華など全てを自分のためにし、世の中で一番尊敬できるのは自分だと思う、自分を敬い供養して他を顧みない、仏を供養する心を知らないということになります。それが障菩提門です。それを遠離するのです。

この文に対して『論註』は、「方」「便」という文字を釈します。正直すなわち偏りなく平等なことを方と言い、自分を外にして相手の立場に立つことを便と言います。

以上三つの菩提を妨げる心を遠離することによって、菩提にふさわしい心が完成してゆく。それは智慧・慈悲・方便が完成してゆくことなのです。言葉を替えると、智慧・慈悲・方便は、菩提を妨げる心を遠離するための心です。それによって完成した心を、次に三種の順菩提門という形で顕してゆきます。

初めに、「順菩提門とは、〈菩薩はかくのごとき三種の菩提門相違の法を遠離して、三種の随順菩提門の法、満足することを得たまへるがゆゑに。なんらか三種。一つには無染清浄心。自身のためにもろもろの楽を求めざるをもつてのゆゑに〉とのたまへり」と、『浄土論』の文が挙げられています。ただこの文は、「菩薩はかくのごとく三種の菩提門相違の法を遠離す。三種の随順菩提門の法、満足することを得るがゆゑなり……」と読む方が良いと思います。つまり、智慧・慈悲・方便を得るが故に三種の菩提門相違の法を遠離したということです。それをもう一度、言葉を言い替えて明らかにしてゆくのです。それが、「無染清浄心・安清浄心・楽清浄心」です。煩悩の穢のなくなった安楽なる心です。その安楽なる世界が浄土なのです。その第一は無染清浄心です。自楽を求めないという、智慧門に相応します。ここまでが『浄土論』の文です。

それに対する『論註』の釈が、「菩提はこれ無染清浄の処なり」。菩提とは、煩悩の汚れを離れた清らかな所、それが悟りの領域である。「もし身のために楽を求めば、すなはち菩提に違しなん」。自分のために楽を求めるようならば、自分に貪着する煩悩・貪欲の世界だから、これは菩提に背いている。「このゆゑに無染清浄心は、これ菩提門に順ずるなり」。無染清浄心とは菩提門に順ずる心である。

第二は安清浄心です。まず、「〈二つには安清浄心。一切衆生の苦を抜くをもつてのゆゑに〉とのたまへり」と『浄土論』の文を挙げます。抜苦という慈悲門に相応します。

その文に『論註』が註釈を加えます。「菩提はこれ一切衆生を安穏する清浄の処なり」。菩提とは、一切衆生を安らかならしめる清浄の処である。「もし作心して一切衆生を抜きて生死の苦を離れしめずは、すなはち菩提に違しなん。このゆゑに一切衆生の苦を抜くは、これ菩提門に順ずるなりと」。作心は心を起こすことです。もし一切衆生を生死の苦しみから離れさせようという心を起こさなかったならば、それは菩提に背くことである。だから一切衆生の苦を抜き、一切衆生を安らかにしようという清らかな心、それが菩提にふさわしい心だと言うのです。

第三は楽清浄心です。「〈三つには楽清浄心。一切衆生をして大菩提を得しむるをもつてのゆゑに、衆生を摂取してかの国土に生ぜしむるをもつてのゆゑに〉とのたまへり」と『浄土論』の文を挙げます。方便門に対応します。

それに対する『論註』の釈が、「菩提はこれ畢竟常楽の処なり」。菩提というのは常楽すなわち常住安楽です。『涅槃経』には大涅槃の徳として「常・楽・我・浄」という四徳を説いてます。曇鸞大師は『涅槃経』の研究者でした。曇鸞大師が註釈した『涅槃経』の釈があったはずなのです。戦後に上海で、ほんの断片ですけれども『涅槃経』の註釈の一部が見つかり、そこに曇鸞大師の名が出ている所がありました。今どこにあるのかは分かりません。それは曇鸞大師の著述ではありませんが、その中に「曇鸞」という名前が出てくるのです。

「もし一切衆生をして畢竟常楽を得しめずは、すなはち菩提に違しなん。この畢竟常楽はなにによりてか得る、大乗門によるなり。大乗門とは、いはくかの安楽仏国土これなり。このゆゑにまた〈衆生を摂取してかの国土に生ぜしむるをもつてのゆゑに〉とのたまへり。〈これを三種の随順菩提門の法、満足せりと名づくと、知るべし〉と」。大乗門によってこの畢竟常楽を得る。大乗門とは大義門のことです。安楽仏土は大義門功徳が成就しています。大乗の法義、大乗の義理が完成している、そういう世界を大義門と言う。大乗の義理とは自利利他円満ということです。大智大悲が円満した世界だから大義門と言うのです。これで菩提を妨げる心を遠離して、そして菩提に随順する心を完成した。その菩提に随順する心とは安楽にふさわしい心です。清浄なる安楽浄土にふさわしい心、それが大菩提にふさわしい心です。だから大菩提心と言うのです。

9　『論註』名義摂対章、願事成就章

【本文】

名義摂対《みょうぎせったい》とは、〈向《さき》に智慧《ちえ》・慈悲《じひ》・方便《ほうべん》の三種《さんしゅ》の門《もん》は般若《はんにゃ》を摂取《せっしゅ》す。般若《はんにゃ》、方便《ほうべん》を摂取《せっしゅ》すと説《と》きつ、知《し》るべし〉とのたまへり。〈般若《はんにゃ》〉とは如《にょ》に達《たっ》するの慧《え》の名《な》なり。〈方便《ほうべん》〉とは権《ごん》に通《つう》ずるの智《ち》の称《しょう》なり。如《にょ》に達《たっ》すればすなはち心行《しんぎょう》寂滅《じゃくめつ》なり。権《ごん》に通《つう》ずれば、すなはちつぶさに衆機《しゅき》に省《はぶ》く。機《き》に省《はぶ》くの智《ち》、つぶさに応《おう》じて無知《むち》なり。寂滅《じゃくめつ》の慧《え》、また無知《むち》にしてつぶさに省《はぶ》く。しかればすなはち、智慧《ちえ》と方便《ほうべん》と、あひ縁《えん》じて動《どう》じ、あひ縁《えん》じて静《じょう》なり。動《どう》、静《じょう》を失《しっ》せざることは智慧《ちえ》の功《こう》なり。静《じょう》、動《どう》を廃《はい》せざることは方便《ほうべん》の力《ちから》なり。このゆゑに智慧《ちえ》と慈悲《じひ》と方便《ほうべん》と、般若《はんにゃ》を摂取《せっしゅ》す。般若《はんにゃ》、方便《ほうべん》を摂取《せっしゅ》す。〈応知《おうち》〉とは、いはく、智慧《ちえ》と方便《ほうべん》はこれ菩薩《ぼさつ》の父母《ぶも》なり、もし智慧《ちえ》と方便《ほうべん》とによらずは、菩薩《ぼさつ》の法則《ほうそく》成就《じょうじゅ》せざることを知《し》るべし。なにをもつてのゆゑに。もし智慧《ちえ》なくして衆生《しゅじょう》のためにする時《とき》には、すなはち顛倒《てんどう》に堕《だ》せん。もし方便《ほうべん》なくして法性《ほっしょう》を観《かん》ずる時《とき》には、すなはち実際《じっさい》を証《しょう》せん。このゆゑに〈知《し》るべし〉と。

〈向《さき》に遠離《おんり》我心貪着自身《がしんとんじゃくじしん》・遠離《おんり》無安衆生心《むあんしゅじょうしん》・遠離《おんり》供養恭敬自身心《くようくぎょうじしんしん》を説《と》きつ。この三種《さんしゅ》の法《ほう》は、障菩提心《しょうぼだいしん》を遠離《おんり》するなりと、知《し》るべし〉とのたまへり。諸法《しょほう》におのおの障礙《しょうげ》の相《そう》あり。風《かぜ》はよく静《じょう》を障《さ》ふ。土《つち》はよく水《みず》を障《さ》ふ。湿《しつ》はよく火《ひ》を障《さ》ふ。五黒《ごこく》・十悪《じゅうあく》は人天《にんでん》を障《さ》ふ。四顛倒《してんどう》は声聞《しょうもん》の果《か》を障《さ》ふるがごとし。このなかの三種《さんしゅ》は菩提《ぼだい》を障《さ》ふる心《しん》を遠離《おんり》せずと。〈応知《おうち》〉とは、もし無障《むしょう》を得《え》んと欲《おも》はば、まさにこの三種《さんしゅ》の障礙《しょうげ》を遠離《おんり》すべきなり。

〈向《さき》に無染《むぜん》清浄心《しょうじょうしん》・安清浄心《あんしょうじょうしん》・楽清浄心《らくしょうじょうしん》を説《と》きつ。この三種《さんしゅ》の心《しん》は略《りゃく》して一処《いっしょ》にして、妙《みょう》楽勝真心《らくしょうしんしん》を成就《じょうじゅ》したまへりと、知《し》るべし〉とのたまへり。楽《らく》に三種《さんしゅ》あり。一《ひと》つには外楽《げらく》、いはく五《ご》識所生《しきしょしょう》の楽《らく》なり。二《ふた》つには内楽《ないらく》、いはく初禅《しょぜん》・二禅《にぜん》・三禅《さんぜん》の意識所生《いしきしょしょう》の楽《らく》なり。三《み》つには法楽楽《ほうがくらく》、いはく智慧所生《ちえしょしょう》の楽《らく》なり。この智慧所生《ちえしょしょう》の楽《らく》は、仏《ぶつ》の功徳《くどく》を愛《あい》するより起《おこ》れり。これは遠離我心《おんりがしん》と遠離無安衆生心《おんりむあんしゅじょうしん》と遠離自供養心《おんりじくようしん》と、この三種《さんしゅ》の心《しん》、清浄《しょうじょう》に増進《ぞうしん》して、略《りゃく》して妙楽勝真心《みょうらくしょうしんしん》とす。妙《みょう》の言《ごん》はそれ好《こう》なり。この楽《らく》は仏《ぶつ》を縁《えん》じて生《しょう》ずるをもつてのゆゑに。勝《しょう》の言《ごん》は三界《さんがい》のうちの楽《らく》に勝出《しょうしゅっ》せり。真《しん》の言《ごん》は虚偽《こぎ》ならず、顚倒《てんどう》せざるなり。

願事成就《がんじじょうじゅ》とは、〈かくのごとき菩薩《ぼさつ》は智慧心《ちえしん》・方便心《ほうべんしん》・無障心《むしょうしん》・勝真心《しょうしんしん》をもつて、よく清浄仏国《しょうじょうぶっこく》土《ど》に生《しょう》ぜしめたまへりと、知《し》るべし〉とのたまへり。〈応知《おうち》〉とは、いはく、この四種《ししゅ》の清浄《しょうじょう》の功徳《くどく》、よくかの清浄仏国土《しょうじょうぶっこくど》に生《しょう》ずることを得《え》しむ、これ他縁《たえん》をして生《しょう》ずるにはあらずと知《し》るべしとなり。

〈これを菩薩摩訶薩《ぼさつまかさつ》、五種《ごしゅ》の法門《ほうもん》に随順《ずいじゅん》して、所作意《しょさこころ》に随《したが》ひて自在《じざい》に成就《じょうじゅ》したまへりと名《な》づく。向《さき》の所説《しょせつ》のごとき身業《しんごう》・口業《くごう》・意業《いごう》・智業《ちごう》・方便智業《ほうべんちごう》、法門《ほうもん》に随順《ずいじゅん》せるがゆゑに〉とのたまへり。

〈随意自在《ずいいじざい》〉とは、いふこころは、この五種《ごしゅ》の功徳力《くどくりき》、よく清浄仏土《しょうじょうぶつど》に生《しょう》ぜしめて、出没自在《しゅつもつじざい》なるなり。〈身業《しんごう》〉とは礼拝《らいはい》なり。〈口業《くごう》〉とは讃嘆《さんだん》なり。〈意業《いごう》〉とは作願《さがん》なり。〈智業《ちごう》〉とは観察《かんざつ》なり。〈方便智業《ほうべんちごう》〉とは回向《えこう》なり。この五種《ごしゅ》の業和合《ごうわごう》せり、すなはちこれ往生浄土《おうじょうじょうど》の法門《ほうもん》に随順《ずいじゅん》して、自在《じざい》の業成就《ごうじょうじゅ》したまへりとのたまへりと。

【講讃】

名義摂対、願事成就と続くわけですが、名義摂対では、障菩提門・順菩提門に説かれた事柄をまとめて、その意味をもう一度確認し、さらにそれを妙楽勝真心という一心にまとめ上げてゆくという概念操作を行います。名というのは名目ですから、つまり概念です。智慧心・慈悲心・方便心とか、遠離我心貪着自身・遠離無安衆生心・遠離供養恭敬自身心といった心が障菩提門に出ていました。それから順菩提門のところでは無染清浄心・安清浄心・楽清浄心と出ていました。全部合わせると九つの概念が出ています。その言葉と、それが内包している意味とを摂対する。義というのは意味です。言葉と言葉を対照して、そしてその言葉の持っている意味内容によってそれを統合してゆくことです。それを摂と言います。摂という字は「おさめる」と読みますが、この摂取の摂という字の本字は「扌」に耳を三つ書きます。「攝」です。耳が三つというのは多様なもの、沢山のものということです。それを一つの手に収めるのです。一つの手に掌握する。つまりあらゆるものを一つに統合してゆくことです。それを「摂」と言います。前章には沢山の名前、九つ名前が出ていましたが、その名前が持っている意味、顕そうとしている内容から、それをまとめていって、最後に妙楽勝真心という一つにまとめ上げてゆくのです。それを名義摂対と言います。

まず智慧・慈悲・方便の三つから始めます。『浄土論』の文を親鸞聖人は、「〈向に智慧・慈悲・方便の三種の門は般若を摂取す。般若、方便を摂取すと説きつ、知るべし〉とのたまへり」と読まれています。「般若を摂取す」という所に少し問題があります。そう読むと、智慧にも慈悲にも方便にも般若という意味が摂まっているということになります。しかし摂対するのであれば、「智慧と慈悲と方便は般若という一言に摂まる」という意味で、「般若に摂取す」と読む方が良いと思います。

さてその文に対する『論註』の釈です。「〈般若〉とは如に達するの慧の名なり。〈方便〉とは権に通ずるの智の称なり」と言うのですから、ここでは智と慧とを分けているのです。般若は慧であり、方便は智であると言っています。これによって智慧という一言が般若と方便とに分けられるという、その意味がここに出てくるわけです。般若は真如を悟る慧の名であり、方便は権仮の存在を正確に知り尽くす智の名である。この場合の権仮というのは、いわゆる権仮方便というような場合の権仮とは違います。如来の後得智の働きのことです。般若とは真如法性を知る実智の名であり、方便とは迷える衆生に法を説いてゆく後得智の名であると言うのです。

「如に達すればすなはち心行寂滅なり」。真如法性に通達すれば、心行つまり心の働きが静まってゆく。「権に通ずれば、すなはちつぶさに衆機に省く」。衆機は迷える衆生のことです。「省」は「はぶく」と読まれていますが、「かえりみる」「みそなわす」という意味です。つぶさに迷える衆生をみそなわす、それが後得智です。「つぶさに応じて無知なり」。衆機を省みるのだけれども、しかしそこには執着はない。迷える衆生と悟れる衆生とを見分けて、そして迷える衆生の愚かさを知りますが、それに対する執着はない。だからその智というのは無知の智です。「寂滅の慧、また無知にしてつぶさに省く」。真如法性を悟る無分別智は無分別のままに分別をして、そして迷える衆生をつぶさにみそなわす。「しかればすなはち、智慧と方便と、あひ縁じて動じ、あひ縁じて静なり」。この「あひ縁じて」の「縁」には、「ヨル」と左訓があります。あいよって動じ、あいよって静なりということです。動静一如ということです。「動、静を失せざることは智慧の功なり」。動いているまま動かない。それは智慧の働きです。「静、動を廃せざることは方便の力なり」。静かであるといっても死の静けさではない。限りない働きを持っている。静かなままに限りない働きを行っている、それが方便の働きである。浄土に往生した菩薩は、浄土に在るまま十方の世界に動いている。十方の世界に在りながら浄土を動かない。一身にして十方に遍現している。前に菩薩荘厳功徳の所に出てきた、「不動而至、一念遍至」ということです。これは真如法性に契った動きです。こういうわけであるから、智慧と慈悲と方便とが般若に摂まってゆく。そして般若は方便に摂まってゆく。だから具体的には我々にとって如来とは方便法身です。言葉となって私の身に届いてくるものです。

「知るべし」とはどういうことかというと、智慧と方便とが菩薩の父母すなわち根源であり、智慧と方便とに依拠しなければ菩薩の法は成り立たないということを知りなさい、そういう意味だと言うのです。「智度は菩薩の母なり。方便をもつて父となす。一切衆導の師、これより生ぜざるはなし」という言葉が『維摩経』仏道品にあります（『大正蔵』一四、五四九頁下）。

「なにをもつてのゆゑに。もし智慧なくして衆生のためにする時には、すなはち顚倒に堕せん」。これは愛見の慈悲と言いまして、智慧なくして衆生を導こうとすると一緒に滅びてしまう。「もし方便なくして法性を観ずる時には、すなはち実際を証せん。このゆゑに〈知るべし〉と」。これは声聞・縁覚が自利に陥ってしまうことです。慈悲の心を持たずに空を観じたら空に沈んでしまう。実際というのは事実の際限つまり真如のことです。一切は空であるという道理です。ここでは空に執着して動きがとれなくなってしまうことを言っています。自利中心の声聞とはこれです。七地沈空の難というのも正にこれです。方便なくして法性を観ずることです。「証せん」というのは、空を証して、空に安住して、空に沈むということです。「実際を証する」というのは、これは良い意味のように見えるのですが、ここでは空に沈んでしまって、自利中心の悟りに沈んでしまって、菩薩の大悲の働きがなくなってしまうということを言っています。

次に、障菩提門の教説に触れた『浄土論』の文を挙げています。「〈向に遠離我心貪着自身・遠離無安衆生心・遠離供養恭敬自身心を説きつ。この三種の法は、障菩提心を遠離するなりと、知るべし〉とのたまへり」。我心をもって自身に貪着することを遠離し、また衆生を安んずることのない自利中心の心を遠離し、また自分を供養恭敬して一切衆生を救うことを忘れてしまうような心を遠離する。そのような菩提を妨げる心を遠離する。そのことをよく知りなさいと説かれている。

その文を曇鸞大師が釈してゆきます。「諸法におのおの障礙の相あり」。諸法にはいろいろ障りの姿がある。「風はよく静を障ふ。土はよく水を障ふ。湿はよく火を障ふ。五黒・十悪は人天を障ふ。四顚倒は声聞の果を障ふるがごとし。このなかの三種は菩提を障ふる心を遠離せずと。〈応知〉とは、もし無障を得んと欲はば、まさにこの三種の障礙を遠離すべきなり」。たとえば静けさは風に妨げられる。また川の水は堤によって塞き止められる。火は湿気によって妨げられる。五逆・十悪は人・天の境界に生まれることを妨げる。また常・楽・我・浄の四顚倒の見解は声聞の果を妨げる。ここに言う我心貪着自身・無安衆生心・供養恭敬自身心の三つは菩提を障えるものであり、その心を持っていては菩提を障える心を遠離することはできない。菩提を妨げない心を得ようとするならば、この三種の心を遠離しなければならないと知りなさい。それが『浄土論』の教説だと言うのです。

次にまた『浄土論』の文を挙げます。「〈向に無染清浄心・安清浄心・楽清浄心を説きつ。この三種の心は略して一処にして、妙楽勝真心を成就したまへりと、知るべし〉とのたまへり」。すでに順菩提門に説いた無染清浄心・安清浄心・楽清浄心は、一つにまとめると妙楽勝真心に摂まるというのです。ここに「妙楽勝真心」という言葉が出てきました。智慧・慈悲・方便の三種の心によって、三種の菩提門相違の法を遠離する。そうすると三種の菩提門に随順する心が成就する。般若と方便が無染・安・楽の三種の清浄心を成就する。その三種の清浄心が、妙楽勝真心という一心に統合されてゆくと言うのです。無染清浄心・安清浄心・楽清浄心を妙楽勝真心という一心に摂めてゆく。名義摂対してゆくのです。

その文に対して曇鸞大師は、まず妙楽勝真心の「楽」の字について、「一つには外楽、いはく五識所生の楽なり。二つには内楽、いはく初禅・二禅・三禅の意識所生の楽なり。三つには法楽楽、いはく智慧所生の楽なり。この智慧所生の楽は、仏の功徳を愛するより起れり」と言います。楽という言葉にも、五感によって感受するような感覚的な断片的な楽もあれば、初禅・二禅・三禅というような禅定の中で感得する楽もある。加えて法楽楽というのがある。音楽を聞いて楽しむように法を聞いて楽しむことです。『無量寿経』でも『阿弥陀経』でもそうですが、浄土は常に法音の宣流が行われていると言われます。『浄土和讃』に、「清風宝樹《しょうふうほうじゅ》をふくときは　いつつの音声《おんじょう》いだしつつ　宮《きゅう》商和《しょうわ》して自然《じねん》なり　清浄勳《しょうじょうくん》を礼《らい》すべし」（『註釈版聖典』五六二頁）という歌があります。法楽楽は智慧によって生まれてくる楽です。その智慧は、仏の功徳を愛する心から起こってくる。『浄土論』の偈に、「愛楽仏法味禅三昧為食」とありました。浄土の菩薩達は何を食べて生きているのかといえば、仏法の味わいを愛楽する、つまり法を聞いて楽しむことです。これが法楽楽です。

「これは遠離我心と遠離無安衆生心と遠離自供養心と、この三種の心、清浄に増進して、略して妙楽勝真心とす」。この遠離我心と遠離無安衆生心と遠離自供養心の三つは菩提門相違の法を遠離することでした。だから菩提門相違の法を遠離して、そして菩提門随順の法を成就してゆくのです。菩提を妨げる心をなくして、菩提に随順する心を成就する。その三つの心が清らかさを増進させ、菩提を妨げる心を徐々に浄化していって、その究極において妙楽勝真心という心が完成してゆくのです。

「妙の言はそれ好なり。この楽は仏を縁じて生ずるをもつてのゆゑに」。妙楽勝真心の「妙」の字を釈して、妙は好であると言います。妙好人の妙と同じです。好なるものの中で最も勝れたもの、それが妙なのです。仏を縁じて生じた楽であるから、この楽を妙楽と言う。ただの楽ではなく仏徳を縁じて、そして仏徳によって引き起こされた楽であるから妙楽と言うのです。

「勝の言は三界のうちの楽に勝出せり。真の言は虚偽ならず、顚倒せざるなり」。次に「勝」「真」の字を釈します。勝は勝出、つまり勝過という意味です。三界中の楽を超えているということです。「真」は不虚偽・不顚倒の意である。これは『論註』上巻、真実功徳釈（『註釈版聖典（七祖篇）』五六頁）に出てくる有名な言葉です。真実功徳相というのは不実功徳に対して真実と言う。不実功徳とは凡夫・人天の善を言う。善ではあるけれども不実の功徳だ。有漏の心、煩悩が雑じった善であるから、その善も善果も共に顚倒し虚偽である。それに対して菩薩の智慧清浄の業より起こって仏事を荘厳するもの、それが真実功徳であると言います。そこに、「この法顚倒せず、虚偽ならず」とあります。「虚偽ならず、顚倒せざるなり」というのは、少しの偽りもなく、衆生を教えの通りに清らかな証の境地に入らしめてゆくことです。不顚倒は智慧の徳を顕し、不虚偽は慈悲の徳を顕す。不顚倒は法性法身の徳を顕し、不虚偽は方便法身の徳を顕す。浄土でいえば不顚倒は略門を顕し、不虚偽は広門を顕すことになります。だから不虚偽・不顚倒という言葉で浄土の三厳二十九種全部を、そして如来の法性法身と方便法身の徳の全てを顕すことができるのです。そうすると妙楽勝真心というのは仏の功徳を愛し、仏の功徳によって生起せられた心ですから、それで妙楽勝真心と言うのですが、浄土の徳の全体が、仏の徳の全体が、衆生の上に顕現しているのが、妙楽勝真心だということになるでしょう。この妙楽勝真心という言葉を、親鸞聖人は大変重い意味で見ていらっしゃいます。

親鸞聖人は、他力回向の信心、如来回向の信心という言葉を使われますが、それは浄土に契う心、如来に契う心は、如来から出てきたものだということなのです。その浄土が、私の上に実現しているのが妙楽勝真心であり、それこそが信心なのだという、そんな意味があるのです。それで「信文類」の一番最初に、信心を言うのにこの言葉を用いていらっしゃいます。

「信文類」の初めの所を見てゆきましょう（『註釈版聖典』二一一頁）。「しかるに常没《じょうもつ》の凡愚《ぼんぐ》、流転《るてん》の群生《ぐんじょう》、無上妙果《むじょうみょうか》の成《じょう》じがたきにあらず、真実《しんじつ》の信楽《しんぎょう》まことに獲《う》ること難《かた》し」。証を開くのが難しいのではない、信心が獲難いのだ、信心が獲られれば証は手の内にあるのだということです。そして、「無上妙果の成じがたきにあらず、真実の信楽まことに獲ること難し。なにをもってのゆゑに」。なぜなら、「いまし如来《にょらい》の加威力《かいりき》によるがゆゑなり」。信心を獲るというのは如来の加威力によって獲るものなのだ、だから自力で獲ようとしたって獲られないのだ。「博《ひろ》く大悲広慧《だいひこうえ》の力《ちから》によるがゆゑなり」。如来の大悲の智慧の力によって獲させて頂くもの、それが信心というものだ。「たまたま浄信《じょうしん》を獲《え》ば、この心顛倒《しんてんどう》せず、この心虚偽《しんこぎ》ならず」。ここに「不顛倒・不虚偽」と言われています。たまたま浄信を賜ることができたならば、その信は不顛倒・不虚偽である。それが妙楽勝真心です。妙楽勝真心の真意は不顛倒・不虚偽です。それを「信文類」では、如来の加威力によって起こったと言われるのです。

『論註』では、この楽は仏を縁じて生ずるものであって、しかもそれは三界を超えたものであると言われる。親鸞聖人はそれをヒントとして「信文類」の文を作ってゆかれます。

「信文類」の続きです。「ここをもって極悪深重《ごくあくじんじゅう》の衆生《しゅじょう》、大慶喜心《だいきょうきしん》を得《え》、もろもろの聖尊《しょうそん》の重愛《じゅうあい》を獲《う》るなり」。これが妙楽勝真心です。こういう信心だから大菩提心と言えるのです。菩提心の成就を、我々は簡単に、「衆生無辺誓願度《しゅじょうむへんせいがんど》、煩悩無尽誓願断《ぼんのうむじんせいがんだん》……」と言いますが、四弘誓願は菩提心には違いはないのですが、菩提心の成就というのは本当に大変なことなのです。

笠置の解脱上人貞慶という方がいらっしゃいます。「興福寺奏状」を書いた人です。その著述『愚迷発心集』（岩波思想大系『鎌倉旧仏教』一四頁～）などを見ますと、彼は不退転の菩提心を起こすために生涯修行を続けていたということが分かります。亡くなる一月程前に書かれた『観心為清浄円明事』という法語集があります。『日本大蔵経』の法相宗の部に収まっています。そこにこんなことを言っています。「私は生涯、なんとか菩提心を発起したいと願ってきた。清浄の菩提心を起こしたいと思って一生懸命修行してきた。神々に祈り、諸仏・菩薩に祈って、修行を続け、清浄な菩提心の完成を求めてきた」。ところが駄目だったと言うのです。死を目前にして駄目だったと言うのです。「私に欠陥があるのか。それともこの教えに欠陥があるのか。これだけやっても菩提心が起こってこないというのはなぜか。色々な人に聞いてみたけれども誰も教えてくれなかった」と言っています

（鈴木学術財団編『日本大蔵経』六四、一二三頁上〜下）。

法然聖人に聞くべきことだったのです。それを敵にまわしてしまったために、彼には教えてくれる人がいなかったのです。実は同じ問題意識を持って、「これは教えに欠陥があるのか、私に欠陥があるのか」と徹底的に追求したのが法然聖人であり親鸞聖人でした。その中で自己の中に決定的な欠陥を見出したのです。そして自ら菩提心を起こすことのできない存在だということをはっきりと確認したのが、法然聖人であり親鸞聖人だったのです。

親鸞聖人はこうおっしゃいます。「三恒河沙《さんごうがしゃ》の諸仏《しょぶつ》の　出世《しゅっせ》のみもとにありしとき　大菩提心《だいぼだいしん》おこせども　自力《じりき》かなはで流転《るてん》せり」（『正像末和讃』、『註釈版聖典』六〇三頁）。一度起こしたけれども駄目だった、結局菩提心が退転してしまうのだと言います。仏の出られた時に仏に出遇って教えを聞いたからといって菩提心を起こせるものではない。私は仏に遇っても駄目だったと言うのです。末法の時代に生まれたから駄目なのではなく、正法の時代に、仏に遇っても、三恒河沙の諸仏に遇っても駄目だった。「自力かなはで流転せり」。欠陥は私にあるということを確認されたのです。

解脱上人もよく似たことをおっしゃっています。「こうなったら臨終に阿弥陀仏の来迎を仰ぐしかない。臨終の時、阿弥陀仏が来迎くださる。その光輝く姿を見た時に初めて私の心が浄化されて、その光によって完全に浄化されて、そして不退転の菩提心が起きる。それが唯一の頼みだ」（同上、一二三頁下～二四頁上）と。仏の光に遇った時に初めて私の煩悩が尽きて、そこで清浄な菩提心が起こる。その清浄な菩提心が起こった時に、その時に初めて私は仏の仲間に入る。正定聚に入るということです。それを実現するために必死だったのです。そのことが確認できるかといえば、確認できない。そのことが確認できる所まで修行しようと必死になっていたのです。それを親鸞聖人は、如来の本願に随順するという所でこれを確認されました。その意味で、この妙楽勝真心は大変大事な所なのです。

次に、願事成就に移ります。五念門が成就し、その結果として妙楽勝真心が成就する。妙楽勝真心が成就することによって浄土に契った存在になる。だから浄土に生まれることができるのです。それを願事成就と言う。願事とは何か。それは自利利他して菩提を完成しようということです。それが仏道修行者の願です。

そこで『浄土論』の文を挙げて、「願事成就とは、〈かくのごとき菩薩は智慧心・方便心・無障心・勝真心をもつて、よく清浄仏国土に生ぜしめたまへりと、知るべし〉とのたまへり」と言うのです。親鸞聖人が、「生ぜしめたまへり」と読まれるのは、恐らく尊敬語だと思います。この場合の菩薩は、法蔵菩薩と見る場合と、還相の菩薩と見る場合の両方があると思われます。『浄土論』『論註』の当分は願生行者ですから、「清浄仏国土に生ず」と読みます。『浄土論』『論註』の立場で読むと、このように菩薩は、智慧心と方便心と無障心と勝真心とをもって、これはまとめれば勝真心一つに摂まりますから、だから智慧心・方便心・無障心を統合した妙楽勝真心をもって、清浄仏国土に生ずることであると知りなさいということです。それを親鸞聖人は「生ぜしめたまへり」と読む。これは法蔵菩薩のこととしたら尊敬語になります。あるいは法蔵菩薩が衆生を生ぜしめるということになりますと使役の意になります。この「しむ」という言葉は、尊敬・使役のどちらにでも取れます。これはどちらにしても親鸞聖人独特の読み方です。

次にこの文に対する『論註』の釈です。親鸞聖人は、「〈応知〉とは、いはく、この四種の清浄の功徳、よくかの清浄仏国土に生ずることを得しむ、これ他縁をして生ずるにはあらずと知るべしとなり」と読んでいらっしゃいます。しかしここは、智慧心と方便心と無障心と妙楽勝真心という四種の清浄の功徳によって、かの清浄の仏国土に生ずることを得るのであって、他の縁によって生ずるのではないという意味です。よって「他縁をして生ずる」よりも「他縁をもつて生ずる」の方が良いでしょう。

「〈これを菩薩摩訶薩、五種の法門に随順して、所作意に随ひて自在に成就したまへりと名づく。向の所説のごとき身業・口業・意業・智業・方便智業、法門に随順せるがゆゑに〉とのたまへり」。

これも少し読みにくい文です。これは『浄土論』の文ですが、『浄土論』の立場では前半は、「これを菩薩摩訶薩、五種の法門に随順し、所作意に随ひて自在に成就すと名づく」と読んだら良いでしょう。五種の法門に随順して、自在に自利利他の行が成就したという意味です。そして後半、それは先に説いた身業（礼拝）・口業（讃嘆）・意業（作願）・智業（観察）・方便智業（回向）のことであると言うのです。菩提に随順する法門であるから、この五念門行が成就すれば菩提が完成する。この五念門行が成就した心境を菩提心と言い、その徳によって妙楽勝真心と言うのです。

この『浄土論』の文を註釈して、『論註』は、「〈随意自在〉とは、いふこころは、この五種の功徳力、よく清浄仏土に生ぜしめて、出没自在なるなり」と言います。この「五種の功徳力」とは、五念門行によって完成された素晴らしい自利利他の働きを言います。この功徳力が我々を浄土に往生せしめて、浄土に入ることも、浄土を没して十方世界に至ることも自在になると言うのです。「出没」という言葉で往相・還相を顕します。往相・還相自在の身となるのです。

そして、「〈身業〉とは、礼拝なり。〈口業〉とは讃嘆なり。〈意業〉とは作願なり。〈智業〉とは観察なり。〈方便智業〉とは回向なり」と、五念門を説明し、最後に、「この五種の業和合せり、すなはちこれ往生浄土の法門に随順して、自在の業成就したまへりとのたまへりと」と言います。これは「この五種の業和合すれば、すなはち……」と読む方が良いでしょう。つまり五念門行が全て完成すれば、往生浄土の教えに契って浄土に往生し、自在に自利利他をすることができるような行業が完成するのだということです。それで願事成就です。つまり願事成就とは、五念門行が成就することによって浄土に往生し、そして自利利他の菩提を完成するということなのです。

10 『論註』利行満足章

【本文】

利行満足《りぎょうまんぞく》とは、〈また五種《ごしゅ》の門《もん》ありて、漸次《ぜんじ》に五種《ごしゅ》の功徳《くどく》を成就《じょうじゅ》したまへりと、知《し》るべし。なにものか五門《ごもん》。一《ひと》つには近門《ごんもん》、二《ふた》つには大会衆門《だいえしゅもん》、三《み》つには宅門《たくもん》、四《よ》つには屋門《おくもん》、五《いつ》つには園林遊戯《おんりんゆげ》地門《じもん》なり〉とのたまへり。この五種《ごしゅ》は、入出《にゅうしゅつ》の次第《しだい》の相《そう》を示現《じげん》せしむ。入相《にゅうそう》のなかに、初《はじ》めに浄《じょう》土《ど》に至《いた》るは、これ近相《ごんそう》なり。いはく大乗正定聚《だいじょうしょうじょうじゅ》に入《い》るは、阿耨多羅三藐三菩提《あのくたらさんみゃくさんぼだい》に近《ちか》づくなり。浄土《じょうど》に入《い》りをはるは、すなはち如来《にょらい》の大会衆《だいえしゅ》の数《かず》に入《い》るなり。衆《しゅう》の数《かず》に入《い》りをはりぬれば、まさに修行安心《しゅぎょうあんじん》の宅《たく》に至《いた》るべし。宅《たく》に入《い》りをはれば、まさに修行所居《しゅぎょうしょご》の屋宇《おくう》に至《いた》るべし。修行成就《しゅぎょうじょうじゅ》しをはりぬれば、まさに教化地《きょうけじ》に至《いた》るべし。教化地《きょうけじ》はすなはちこれ菩薩《ぼさつ》の自娯楽《じごらく》の地《じ》なり。このゆゑに出門《しゅつもん》を園林遊戯地門《おんりんゆげじもん》と称《しょう》すと。

〈この五種《ごしゅ》の門《もん》は、初《はじ》めの四種《ししゅ》の門《もん》は入《にゅう》の功徳《くどく》を成就《じょうじゅ》したまへり、第五門《だいごもん》は出《しゅつ》の功徳《くどく》を成就《じょうじゅ》したまへり〉とのたまへり。この入出《にゅうしゅつ》の功徳《くどく》は、なにものかこれや。

釈《しゃく》すらく、〈入第一門《にゅうだいいちもん》といふは、阿弥陀仏《あみだぶつ》を礼拝《らいはい》してかの国《くに》に生《しょう》ぜしめんがためにするをもつてのゆゑに、安楽世界《あんらくせかい》に生《しょう》ずることを得《え》しむ。これを入第一門《にゅうだいいちもん》と名《な》づく〉とのたまへり。仏《ぶつ》を礼《らい》して仏国《ぶっこく》に生《しょう》ぜんと願《がん》ずるは、これ初《はじ》めの功徳《くどく》の相《そう》なりと。

〈入第二門《にゅうだいにもん》とは、阿弥陀仏《あみだぶつ》を讃嘆《さんだん》し、名義《みょうぎ》に随順《ずいじゅん》して如来《にょらい》の名《みな》を称《しょう》せしめ、如来《にょらい》の光明智相《こうみょうちそう》によりて修行《しゅぎょう》せるをもつてのゆゑに、大会衆《だいえしゅ》の数《かず》に入《い》ることを得《え》しむ。これを入第二門《にゅうだいにもん》と名《な》づく〉とのたまへり。如来《にょらい》の名義《みょうぎ》によりて讃嘆《さんだん》する、これ第二《だいに》の功徳《くどく》の相《そう》なりと。

〈入第三門《にゅうだいさんもん》とは、一心《いっしん》に専念《せんねん》し作願《さがん》して、かしこに生《しょう》じて奢摩他寂静三昧《しゃまたじゃくじょうざんまい》の行《ぎょう》を修《しゅ》するをもつてのゆゑに、蓮華蔵世界《れんげぞうせかい》に入《い》ることを得《え》しむ。これを入第三門《にゅうだいさんもん》と名《な》づく〉。寂静止《じゃくじょうし》を修《しゅ》せんためのゆゑに、一心《いっしん》にかの国《くに》に生《しょう》ぜんと願《がん》ずる、これ第三《だいさん》の功徳《くどく》の相《そう》なりと。

〈入第四門《にゅうだいしもん》とは、かの妙荘厳《みょうしょうごん》を専念《せんねん》し観察《かんざつ》して、毘婆舎那《びばしゃな》を修《しゅ》せしむるをもつてのゆゑに、かの所《ところ》に到《いた》ることを得《え》て、種々《しゅじゅ》の法味《ほうみ》の楽《らく》を受用《じゅゆう》せしむ。これを入第四門《にゅうだいしもん》と名《な》づく〉とのたまへり。

〈種々《しゅじゅ》の法味《ほうみ》の楽《らく》〉とは、毘婆舎那《びばしゃな》のなかに、観仏国土清浄味《かんぶつこくどしょうじょうみ》・摂受衆生大乗味《しょうじゅしゅじょうだいじょうみ》・畢竟住持不虚作味《ひっきょうじゅうじふこさみ》・類事起行願取仏土味《るいじきぎょうがんしゅぶつどみ》あり。かくのごときらの無量《むりょう》の荘厳仏道《しょうごんぶつどう》の味《み》あるがゆゑに、〈種々《しゅじゅ》〉とのたまへり。これ第四《だいし》の功徳《くどく》の相《そう》なりと。

〈出第五門《しゅつだいごもん》とは、大慈悲《だいじひ》をもつて一切苦悩《いっさいくのう》の衆生《しゅじょう》を観察《かんざつ》して、応化身《おうげしん》を示《しめ》して、生死《しょうじ》の園《その》、煩悩《ぼんのう》の林《はやし》のなかに回入《えにゅう》して、神通《じんずう》に遊戯《ゆげ》し、教化地《きょうけじ》に至《いた》る。本願力《ほんがんりき》の回向《えこう》をもつてのゆゑに。これを出第五門《しゅつだいごもん》と名《な》づく〉とのたまへり。〈応化身《おうげしん》を示《しめ》す〉といふは、『法華経《ほけきょう》』の普門示現《ふもんじげん》の類《るい》のごときなり。

〈遊戯《ゆげ》〉に二《ふた》つの義《ぎ》あり。一《ひと》つには自在《じざい》の義《ぎ》。菩薩衆生《ぼさつしゅじょう》を度《ど》す。たとへば獅子《しし》の鹿《しか》を搏《う》つに、所為難《しょいはばか》らざるがごときは、遊戯《ゆげ》するがごとし。二《ふた》つには度無所度《どむしょど》の義《ぎ》なり。菩薩衆生《ぼさつしゅじょう》を観《かん》ずるに、畢竟《ひっきょう》じて所有《あらゆるところ》なし。無量《むりょう》の衆生《しゅじょう》を度《ど》すといへども、実《じつ》に一衆生《いちしゅじょう》として滅度《めつど》を得《う》るものなし。衆生《しゅじょう》を度《ど》すと示《しめ》すこと遊戯《ゆげ》するがごとし。〈本願力《ほんがんりき》〉といふは、大菩薩《だいぼさつ》、法身《ほっしん》のなかにおいて、つねに三昧《さんまい》にましまして、種々《しゅじゅ》の身《しん》、種々《しゅじゅ》の神通《じんずう》、種々《しゅじゅ》の説法《せっぽう》を現《げん》ずることを示《しめ》すこと、みな本願力《ほんがんりき》より起《おこ》るをもつてなり。たとへば阿修羅《あしゅら》の琴《きん》の鼓《こ》するものなしといへども、しかも音曲自然《いんぎょくじねん》なるがごとし。これを教化地《きょうけじ》の第五《だいご》の功徳《くどく》の相《そう》と名《な》づくとのたまへり」と。以上抄出

【講讃】

利行満足章です。本引文の最後部分です。利行とは二利行です。自利利他の行です。礼拝・讃嘆・作願・観察・回向という五念門行によって自利利他の行が満足してゆく、その状態を顕します。五念門によって五功徳門が成就すると説くのです。礼拝・讃嘆・作願・観察・回向は因です。礼拝から観察までが自利、回向は利他です。この自利利他の五念門行によって、近門・大会衆門・宅門・屋門・園林遊戯地門という五功徳門が成就してゆくのです。その近門とは、正定聚に入ることです。大会衆門は正定聚から次第に仏に近づいてゆくことです。それは正定聚の有様です。近門・大会衆

門は初地から七地に当たります。次いで宅門・屋門によって蓮華蔵世界に入ります。つまり八地以上の菩薩になるのです。そして園林遊戯地門というのが利他教化です。前四門が自利行の完成。後の一門が利他行の成就で、この二つが完成して阿耨多羅三藐三菩提、つまり無上の悟りを完成するわけです。

しかしよく考えますと色々と問題があります。礼拝によって近門、讃嘆によって大会衆門、作願門によって宅門、観察門によって屋門、回向門によって園林遊戯地門が完成すると説かれているのですが、礼拝だけで往生できるわけではありません。往生するためには五念門行が成就しなければいけない。五念門行が成就することによって四心（智慧心・方便心・無障心・勝真心）すなわち妙楽勝真心が成就するのです。この妙楽勝真心というのが菩提心であり、これが成仏の因です。それによって往生の因が完成します。五念門行が完成しなければ往生できないのです。そうすると、浄土に往生したということによって、近門・大会衆門・宅門・屋門・園林遊戯地門が一気に成就することになります。それが成就したということは、つまり成仏なのですから、妙楽勝真心と成仏とが結ばれてゆくわけです。

五念門行は妙楽勝真心の一つに成就し、五功徳門は成仏の一つに成就するわけです。ここには五種の功徳は漸次に成就すると書いてありますが、それは何を言っているのかといいますと、五念門行の徳相を示しているのです。五念門行が持っている徳相を近門・大会衆門・宅門・屋門・園林遊戯地門という形で顕しているのです。だからこれは漸次に成就すると説かれていますが、実は一気に成就するのです。五念門行が成就しなければ五功徳門に行けないのですから、そういうことになるでしょう。要するに五念門行が成仏の因行であり、五功徳門は成仏の果となるわけです。その成仏の果の内容が、自利利他円満の徳であるということを、五功徳門という形で示現したと言えるのです。

『浄土論』の説き方から言えば、正定聚つまり初地から、蓮華蔵世界つまり八地以上の菩薩に至るまでが入の功徳であり、園林遊戯地門は出の功徳であって、入出の功徳ということになっています。『論註』はその立場に従っています。

けれどもよく考えてみると、五功徳門の全体が仏果の内容を開いたものだという見方ができるでしょう。そうすると、これは菩薩の姿として説いてあるけれども、従果向因の姿だということになります。『浄土論』『論註』では従因至果の形で説かれている。因から果へ向かう形で五功徳門が説かれている。けれどよく内容を見てみると、それは従果向因の相と見るべきだというのが、親鸞聖人の見方です。

『論註』では園林遊戯地門だけが還相です。曇鸞大師は、入の功徳を往相、出の功徳を還相とおっしゃいますが、親鸞聖人は、五念門行が往相、そして五功徳門全体が還相であると見られます。曇鸞大師と親鸞聖人の考え方が違いますので、この区別を知っておかなければなりません。その上で読んでゆきましょう。

まず『浄土論』の文を挙げます。「利行満足とは、〈また五種の門ありて、漸次に五種の功徳を成就したまへりと、知るべし。なにものか五門。一つには近門、二つには大会衆門、三つには宅門、四つには屋門、五つには園林遊戯地門なり〉とのたまへり」。ただこのように敬語を付けて読むと、意味が少し変わってきます。「また五種の門ありて、漸次に五種の功徳を成就すと知るべし」と読むべきでしょう。

五念門行によって漸次に五種の功徳が成就してゆく有様が分かるというのです。近門・大会衆門・宅門・屋門・園林遊戯地門というのは大きな家に入ってゆく状態に譬えています。近門というのは家の門から中へ入った所です。家の門を入りますと玄関口までアプローチがあります。それが近門です。門を入ってそして玄関口に行く所までです。玄関を入りますとそこには応接室がありまして、そこでみなが待っている。これが大会衆門です。そこにはその他大勢がいるのです。宅門というのはそこから今度は特別に一人だけ呼ばれまして、もっと奥の居間に入ってゆくのです。そこの主人の居る所へ入ってゆきます。そして屋門というのは、その家の中の一番奥へ通してもらう。これは一番最高のお客さんですからお座敷へ通してもらう。それが屋門です。そのお座敷ではご馳走になって、種々の法味楽を受けて、そして下駄を履いて庭を散歩するのです。その庭を散歩する姿が園林遊戯地門です。これでそこの家に入って一番奥まで通してもらって、そして今度は庭を散歩するという形で、その家全体を知り尽くしたということになるのです。

これによって証の境地が段々と深まってゆく状態を顕しています。証の境地は、行に応じて深まってゆくのですが、説き方としては礼拝によって近門、讃嘆によって大会衆門、作願によって宅門、観察によって屋門、回向によって園林遊戯地門が成就してゆくという形をとっている。

しかしこれは先ほど言いましたように、礼拝だけで往生する、観察だけで往生するというわけではないので、礼拝・讃嘆・作願・観察・回向という自利利他の五念門行が完成して、菩提門相違の法を遠離し、菩提門随順の法を成就して、そして四心、さらには妙楽勝真心という一心が完成する。その一心が菩提心であって、これが仏因である。それによって浄土に往生できる。

だから浄土に往生すれば、実は直ちに仏果を完成するということになる。自利利他が円満するということになる。親鸞聖人はそう考えられました。そうするとその自利利他円満の相を近門・大会衆門・宅門・屋門・園林遊戯地門という形で示現したということになる。だからこの相は実は五念門行の徳相を示すのであって、全体としては仏因である五念門行の徳相を示したということになる。仏果の内容を示したということになります。五念門行というのは仏因でしょう。仏因である五念門行の徳相を示したということになりますと、これはそのまま仏果の功徳を菩薩の因相をもって示現したということになるのです。

このように仏果の功徳を菩薩の因相をもって顕すというのは、『華厳経』がそうです。たとえば毘盧舎那仏の境界は不可説の法ですが、不可説の法門を普賢菩薩の徳として、普賢菩薩の境界として顕す。これは因分可説、果分不可説だからです。不可説の法門を説くために、果を因の形で顕すのです。

親鸞聖人の見方もそれと同じです。仏果の徳を菩薩の徳として表現したと見るのです。この菩薩の徳は全体として、果から因に還ってくる相です。還相というのは本来は「還来穢国の相」という意味だけれども、親鸞聖人の場合は、仏果の内容を菩薩の因相でもって示したと見ます。だから「従果還因の相」、果から因に還ってくる姿を還相と言う。親鸞聖人は、仏果を極めた者が、その仏果の徳、仏の功徳を万人に示現してゆく相が還相の姿であると見ていらっしゃるのです。それで五念門行に対する五功徳門を、還相と見られたのです。

親鸞聖人が「証文類」において顕そうとされた還相とは、こういう意味を持っています。ですからただ浄土から穢土へ還ってきて衆生済度するというだけではないのです。もっと広い意味を持っています。浄土において菩薩の姿をとっているのは全部還相だと見る。浄土の菩薩も還相の菩薩なのです。普通だったら還来穢国ですから穢土に還ってきて衆生済度するのが還相なのですが、そうではなくて、浄土における観世音菩薩も勢至菩薩も、全部還相の姿なのです。だから第二十二願の中で、「我国に生まれたものは究竟して一生補処に至らしめる」と言われる、あの一生補処が、そのまま還相であると見るのです。第二十二願全体を還相回向の願と見る。一生補処と還相とが同じ意味になる。一生補処は本国位相、他方摂化の場合は随意自在。五功徳門では、近門・大会衆門・宅門・屋門が本国位相です。浄土における姿です。そして園林遊戯地門が他方摂化です。その全体を還相と見る。それが親鸞聖人の見方なのです。

しかし『浄土論』『論註』は違います。浄土において次第に自利利他の行を完成してゆく姿という形で説かれています。それを一つひとつ五念門と対配させているのです。

では『論註』の釈を見てゆきましょう。**「この五種は、入出の次第の相を示現せしむ」**。この五種は浄土に入ってゆく姿と、浄土から出てゆく姿の次第を顕すものです。浄土に入ってゆくのは自利の完成であり、浄土から出てゆくのは利他の完成です。そこで「入出」というのは自利利他ということになります。その「入相」というのは、第一近門から第四屋門まで、「出相」、出る姿というのは、第五の園林遊戯地門です。

「入相のなかに、初めに浄土に至るは、これ近相なり」。浄土に至ったということは菩提に近づいた、悟りに近づいたということだから近相と言う。段々と悟りに近づいてゆく最初の姿だから近相です。**「いはく大乗正定聚に入るは、阿耨多羅三藐三菩提に近づくなり」**。近門というのは大乗正定聚に入ることです。大乗正定聚とは自利利他円満の大乗の悟りを完成することに正しく決定している仲間という意味で、『論註』では初地以上の菩薩を指します。必ず仏になることに決定していますから阿耨多羅三藐三菩提に近づくと言うのです。**「浄土に入りをはるは、すなはち如来の大会衆の数に入るなり」**。浄土に入ったということは、阿弥陀仏の眷属となり、阿弥陀仏の説法を常に聞き、そして実践してゆく、そういう聖衆、聖者の仲間に入ることだから大会衆と言います。「大会」は法座のことです。

親鸞聖人は、「大乗正定聚に入る」ということと、「如来の大会衆の数に入る」ということの二つは、いずれも正定聚のこととして現世において語ります。現益と見られるのです。つまり五功徳門の中の近門と大会衆門とを現益と見る一面があるのです。「正信偈」がそうです。「正信偈」の天親章を見ますと、「功徳大宝海《くどくだいほうかい》に帰入《きにゅう》すれば、かならず大会衆《だいえしゅ》の数《かず》に入《い》ることを獲《う》」（『註釈版聖典』二〇五頁）とありますが、この「功徳大宝海に帰入する」というのは、本願を信じ念仏をすることです。これは現世における信の姿です。功徳の大宝海に帰入するということを、信心の利益と見るのです。『浄土和讃』天親讃に、「本願力《ほんがんりき》にあひぬればむなしくすぐるひとぞなき功徳《くどく》の宝海《ほうかい》みちみちて煩悩《ぼんのう》の濁水《じょくすい》へだてなし」（『註釈版聖典』五八〇頁）と言うのはこのことです。「功徳大宝海に帰入す」とは、本願海に帰入することです。それは私が本願を素直に頂くことです。そうすると、「かならず大会衆の数に入ることを獲」と言う。大会衆は正定聚の利益を顕しているのです。「正信偈」の次の句に、「蓮華《れんげ》蔵世界《ぞうせかい》に至《いた》ることを得《う》れば、すなはち真如法性《しんにょほっしょう》の身《しん》を証《しょう》せしむ」と言う。これが彼土の利益です。蓮華蔵世界に至るというのは、宅門・屋門、特に屋門の姿です。そこで真如法性の身を証す。そして「煩悩《ぼんのう》の林《はやし》に遊《あそ》んで神通《じんずう》を現《げん》じ、生死《しょうじ》の園《その》に入《い》りて応化《おうげ》を示《しめ》す」。これが園林遊戯地門ということになります。それが親鸞聖人の立場です。

『論註』の文に戻ります。「衆の数に入りをはりぬれば、まさに修行安心の宅に至るべし」。修行安心の宅というのは行を修して心を安んずるということです。心を安んずるから宅門と言うのです。「修行成就しをはりぬれば、まさに教化地に至るべし」。自分の修行が完成したら、その完成した修行の力をもって一切衆生を済度してゆくというのが大乗の菩薩の働きです。それを教化地と言います。

「このゆゑに出門を園林遊戯地門と称すと」。衆生教化に出てゆく、利他教化の働きを譬えて園林遊戯地門と言ったのです。

次にまた『浄土論』の文が引かれます。「〈この五種の門は、初めの四種の門は入の功徳を成就したまへり、第五門は出の功徳を成就したまへり〉とのたまへり」。この五種の門の中、初めの近・大・宅・屋の四種の門は入の功徳つまり自利の功徳の完成を顕し、第五門は出の功徳つまり利他教化の功徳を明らかにしたのだと説かれています。

それに対する『論註』の釈です。「この入出の功徳は、なにものかこれや」。この入出の功徳というのはどういう性格のものなのか。そう問いを発し、次いで『浄土論』五功徳門の文を挙げて一つひとつ釈してゆきます。

「釈すらく、〈入第一門といふは、阿弥陀仏を礼拝してかの国に生ぜしめんがためにするをもつてのゆゑに、安楽世界に生ずることを得しむ。これを入第一門と名づく〉とのたまへり。仏を礼して仏国に生ぜんと願ずるは、これ初めの功徳の相なりと」。阿弥陀仏を礼拝して、阿弥陀仏の世界に生まれたいと思う。それでその礼拝の功徳によって安楽世界に生ずることを得る。このことを入の第一門、近門と言う。

その『浄土論』の文に対して『論註』は、礼拝によって仏国に生まれようと願う、これが初めの功徳の相であると釈しています。

次に、「〈入第二門とは、阿弥陀仏を讃嘆し、名義に随順して如来の名を称せしめ、如来の光明智相によりて修行せるをもつてのゆゑに、大会衆の数に入ることを得しむ。これを入第二門と名づく〉とのたまへり。如来の名義によりて讃嘆する、これ第二の功徳の相なりと」。第二門とは、阿弥陀仏を讃嘆するについて、名義に随順して如来の名を称えるのだと言います。名義とは名号のいわれです。名号のいわれに契って名を称える。必ず助けるといういわれを聞いて、必ず助かると称える。それが名義に随順して如来の名を称するということです。「如来の光明智相によって修行する」とは、尽十方無礙光如来の名の通り、いつでもどこでも、この如来に救われてゆくのだと思って名を称えることです。それが如来の光明智相によって修行している姿です。それこそが如実の讃嘆です。如実の讃嘆によって大会衆の数に入ることができるのです。

その『浄土論』の文に対して『論註』は、如来の名義に契って名義の通りに讃嘆するのが第二の功徳相であると釈しています。

次に、「〈入第三門とは、一心に専念し作願して、かしこに生じて奢摩他寂静三昧の行を修するをもつてのゆゑに、蓮華蔵世界に入ることを得しむ。これを入第三門と名づく〉。寂静止を修せんためのゆゑに、一心にかの国に生ぜんと願ずる、これ第三の功徳の相なりと」。これは親鸞聖人独特の読み方です。一心に専念し作願して浄土に生まれ、そして浄土において奢摩他寂静三昧の行を修する。

親鸞聖人はそう読まれました。

普通は次のように読みます。「入第三門とは、一心に専念し、かしこに生まれんと作願して、奢摩他寂静三昧の行を修するをもってのゆゑに、蓮華蔵世界に入ることを得」。つまりこの世において奢摩他寂静三昧を修するから、それによって浄土に至り、蓮華蔵世界に入ることができる、それを入第三門と名づけるということです。ところが親鸞聖人の場合は、奢摩他寂静三昧は浄土に往生してから行ずると見ています。こちらでは浄土に生まれたいと願うだけで、これが作願門です。それによって浄土に生まれて、浄土で奢摩他寂静三昧を行じて蓮華蔵世界に至る。そう見ていらっしゃるのです。奢摩他寂静三昧を我々はこの世において行ずることができないから、それは浄土において行ずるとご覧になったわけです。

これに対する『論註』の釈文を、親鸞聖人は、「寂静止を修せんためのゆゑに、一心にかの国に生まれんと願ずる、これ第三の功徳相なりと」と読まれています。このように読みますと、浄土へ行って奢摩他寂静三昧を修するために、この世で一心に浄土に生まれたいと願う、それを第三の功徳相とするのだという意味になります。そうすると前の読み方と辻褄が合うのです。

しかし『浄土論』『論註』の立場ではそんな読み方はできません。「寂静止を修するためのゆゑに、一心にかの国に生まれんと願ずる」というのは、この世ですることなのです。心を一つにして浄土を願生する、浄土に心を集中し、浄土に生まれたいと願う、それが奢摩他寂静三昧を修している姿なのです。彼の国に生まれようと一心に願って、寂静止を修するのです。それによって浄土においてこの作願門の功徳によって蓮華蔵世界に入ることができる、それを宅門と言うのです。

次に、「〈入第四門とは、かの妙荘厳を専念し観察して、毘婆舎那を修せしむるをもつてのゆゑに、かの所に到ることを得て、種々の法味の楽を受用せしむ。これを入第四門と名づく〉とのたまへり。〈種々の法味の楽〉とは、毘婆舎那のなかに、観仏国土清浄味・摂受衆生大乗味・畢竟住持不虚作味・類事起行願取仏土味あり。かくのごときらの無量の荘厳仏道の味あるがゆゑに、〈種々〉とのたまへり。これ第四の功徳の相なりと」。入の第四門とは、浄土の三厳二十九種を専念し観察する、つまり毘婆舎那を修することによって、浄土に生まれることができ、浄土の種々の法味楽を受用することである。文章としてはそういう意味です。

この『浄土論』の文に対して、『論註』は、「種々の法味の楽」という言葉を註釈します。種々の法味の楽とは、毘婆舎那つまり観察門の中に、三厳二十九種が説かれていましたが、その中の、「観仏国土清浄味、摂受衆生大乗味、畢竟住持不虚作味、類事起行願取仏土味」が、法味であると言います。まず「観仏国土清浄味」とは、仏国土の清浄なるを観ずる味わい、つまり国土荘厳の第一清浄功徳のことです。次の「摂受衆生大乗味」とは、衆生を摂受して、自他共に悟りを開くという味わい、これは国土荘厳の第十六大義門功徳です。次の「畢竟住持不虚作味」とは、仏荘厳の第八不虚作住持功徳のことです。阿弥陀仏が本願力をもって一切の衆生を確かに受け保って一分の狂いもなく救う、そういう仏の働きを心に味わうことです。それから最後の「類事起行願取仏土味」とは、菩薩四種功徳を一つにまとめたものです。「類」とは種類です。菩薩が行う様々な種類の事柄をまとめたら自利利他です。それを菩薩四種功徳で言えば、諸仏を供養し一切衆生を済度してゆく供養諸仏と、衆生済度つまり利他の行です。あるいは示法如仏、法を示すこと仏の如くすることです。

このように浄土を観察することによって種々の法味楽を受けたが、それは此土において浄土を観察することによって浄土の種々の法味楽を受けたわけです。今度は浄土に行きますと、此土で種々の法味楽を味わった、それが浄土において実現するのです。浄土はこの種々の法味楽が実現している世界です。娑婆で浄土の徳を味わうのが毘婆舎那、浄土において浄土の徳を受用する時には、その人はすでに聖者の位に就いています。そのようにして種々の功徳を受用することを入第四門と言うのです。

「かくのごときらの無量の荘厳仏道の味あるがゆゑに、〈種々〉とのたまへり。これ第四の功徳の相なりと」。このような無量の仏道を荘厳する味わいがある。この四種の功徳は仏道を荘厳する。さらに二つに約めたら清浄功徳と不虚作住持功徳は智慧と慈悲に収まります。つまり清浄功徳は智慧、不虚作住持功徳は大慈大悲に収まる。これが仏道を荘厳してゆくことになります。

最後に、「〈出第五門とは、大慈悲をもつて一切苦悩の衆生を観察して、応化身を示して、生死の園、煩悩の林のなかに回入して、神通に遊戯し、教化地に至る。本願力の回向をもつてのゆゑに。これを出第五門と名づく〉とのたまへり」。出第五門の説明です。大慈悲を起こして一切の苦悩の衆生を観察する。この世において浄土を観ずることによって真実を知った、実相を知った。実相を知ったから、浄土に背き実相に背いている虚妄の衆生を知った。そこで大悲を起こして利他の回向を行じた。それが往相の回向です。その往相の回向の結果として還相の回向を得るわけです。その還相回向が園林遊戯地門です。それで浄土に到れば大慈悲をもって一切苦悩の衆生を観察して応化身を示すのです。そして生死の園、煩悩の林の中に回入して遊戯し、そして神通をもって教化地に至る。親鸞聖人は、「本願力の回向をもってのゆゑに」と読まれていますが、『浄土論』の当分では、「本願力をもって回向す」でしょう。この本願力というのは、因位において菩薩が一切衆生を教化しようという願いを起こした、その本願力です。つまり因の回向門です。その回向門の果として園林遊戯地門があるわけです。回向門は往相、園林遊戯地門が還相です。それが『浄土論』の当分です。

親鸞聖人のおっしゃる往相・還相回向と間違わないようにしてください。親鸞聖人の場合、「本願力の回向をもってのゆゑに」というのは、五功徳門の全てが如来の本願力によって与えられたもので、五念門も五功徳門も全て阿弥陀仏の本願力によって与えられたものだと考えていらっしゃいますから、それで「本願力の回向」と読まれたのです。

『浄土論』の当分は、「本願力をもって回向す」です。浄土に往生してゆく菩薩は、この世において一切の苦悩の衆生を見そなわし、その苦悩の衆生を救って、彼の阿弥陀仏の国に生まれさせようと願いを建立し、その働きを行うのが往相回向です。けれどもそれが完成できない。そこで浄土に至って願いのままに衆生を救済する力を完成してゆく。そして衆生を救済する。これは本願力をもって回向するわけです。本願力が完成して、それで衆生を救済する働きが出てくるわけです。だから「本願力をもって回向するゆゑなり」であり、それが煩悩の林の中に回入して遊戯する姿なのです。

次に、その『浄土論』の文に対する『論註』の釈です。「〈応化身を示す〉といふは、『法華経』の普門示現の類のごときなり。〈遊戯〉に二つの義あり。一つには自在の義。菩薩衆生を度す。たとへば獅子の鹿を搏つに、所為難らざるがごときは、遊戯するがごとし。二つには度無所度の義なり。菩薩衆生を観ずるに、畢竟じて所有なし。無量の衆生を度すといへども、実に一衆生として滅度を得るものなし。衆生を度すと示すこと遊戯するがごとし。〈本願力〉といふは、大菩薩、法身のなかにおいて、つねに三昧にましまして、種々の身、種々の神通、種々の説法を現ずることを示すこと、みな本願力より起るをもつてなり。たとへば阿修羅の琴の鼓するものなしといへども、しかも音曲自然なるがごとし。これを教化地の第五の功徳の相と名づくとのたまへり」。

『法華経』普門示現というのは、観世音菩薩普門品に示された観音菩薩の三十三身示現の教説です。様々な姿で現れて衆生を救済します。「遊戯」に二義あって、一つには自在の義、自由自在に衆生を救うということです。二つには度無所度、救いながらも救ってやったという意識がない、執着がないということです。

「〈本願力〉といふは」以下の文は、親鸞聖人が、「行文類」他力釈の一番最初に引かれています（『註釈版聖典』一九〇頁）。本願力とは、八地以上の菩薩が報生三昧に入って、そして無相法身に安住しながら、しかも種々の身を現じ、種々の神通、種々の説法を現して衆生を教化してゆくことを言う。それは全部本願力より起こってくる。だから今更こうしよう、ああしようなどという計らいが少しもない。それを阿修羅の琴に譬えています。誰かが弾くというのではなくて自然に音曲が流れてくる。それは阿修羅の果報によるものだということです。そのような状態を、教化地の第五の功徳相と名づけるのだということです。

11　往還結釈

【本文】

しかれば、大聖《だいしょう》の真言《しんごん》、まことに知《し》んぬ、大涅槃《だいねはん》を証《しょう》することは願力《がんりき》の回向《えこう》によりてなり。還相《げんそう》の利益《りやく》は利他《りた》の正意《しょうい》を顕《あらわ》すなり。ここをもつて論主《ろんじゅ》は広大無礙《こうだいむげ》の一心《いっしん》を宣布《せんぷ》して、あまねく雑染堪忍《ぞうぜんかんにん》の群萠《ぐんもう》を開化《かいけ》す。宗師《しゅうし》は大悲往還《だいひおうげん》の回向《えこう》を顕示《けんじ》して、ねんごろに他利利他《たりりた》の深義《じんぎ》を弘宣《ぐせん》したまへり。仰《あお》いで奉持《ぶじ》すべし、ことに頂戴《ちょうだい》すべしと。

【講讃】

いよいよ最後の文です。「往還結釈」と呼ばれる、親鸞聖人御自釈の文です。「大聖の真言」とは釈尊の言葉です。釈尊の仰せによって往還二回向の法義を知ることができたとおっしゃるのです。「大涅槃を証することは願力の回向によりてなり」が往相回向の証、「還相の利益は利他の正意を顕すなり」が還相回向です。仏は私達に悟りを開かせるだけではない。仏の如く一切衆生を教化する身に仕上げてゆく、それが阿弥陀仏の利他の究極です。それで大涅槃を証することは願力の回向による、往相の回向による。そして利他の正意を顕して我々に還相を与えてくださる。釈尊がそう教えてくださったと言うのです。

だから、「論主は広大無礙の一心を宣布して、あまねく雑染堪忍の群萌を開化」されたのであると言います。「論主」は天親菩薩です。「広大無礙の一心」とは、五念門の徳を内包した妙楽勝真心です。その妙楽勝真心は、尽十方無礙光如来に帰命する信心です。五念門の徳が成就した、その徳を内包する信心です。その信心を説くことによって、煩悩に染まった娑婆の煩悩具足の群萌を救われた。煩悩具足の凡夫を、仏の救いを味わうことのできる人に変化させてくださったと言われています。

次の「宗師」は、ここでは曇鸞大師です。曇鸞大師は阿弥陀仏の大悲によって往相・還相が回向されたといういわれを私達に顕し示し、他利利他の深義を示された。他利利他の深義は、「行文類」他力釈（『註釈版聖典』一九〇～一九四頁）に示されています。上来見てきた『論註』の引文の末尾部分から、さらに後に続く長文が引用されています。浄土に往生することも、また浄土から還ってきて衆生を済度することも、全て如来の利他力すなわち他力によって成就せしめられると示してくださったと言うのです。

これら釈尊の教え、論主・宗師の釈を仰いで承り、謹んで保ち、有り難く頂きましょう。そう本巻を結ばれています。

■著者紹介■

梯　實圓（かけはし　じつえん）

1927年生まれ。宗学院卒業。本願寺派勧学、行信教校名誉校長、大阪市阿倍野区廣臺寺前住職。2014年逝去。

【著　書】

『聖典セミナー 観無量寿経』『聖典セミナー 教行信証 —教行の巻—』『聖典セミナー 教行信証 —信の巻—』『聖典セミナー 歎異抄』『聖典セミナー 口伝鈔』『正信偈講座』（本願寺出版社）、『親鸞教学の特色と展開』『教行信証の宗教構造 —真宗教義学体系—』『親鸞聖人の生涯』（法藏館）、『法然教学の研究』『浄土教学の諸問題（全2巻）』『玄義分抄講述 —幸西大徳の浄土教—』『顕浄土方便化身土文類講讃』『一念多念文意講讃』（永田文昌堂）ほか

顕浄土真実教行証文類

「証文類」講讃

2025年3月20日　初版第１刷発行

著　者　梯　實圓

発　行　本願寺出版社

〒600-8501
京都市下京区堀川通花屋町下ル
浄土真宗本願寺派（西本願寺）
TEL.075-371-4171　FAX.075-341-7753
https://hongwanji-shuppan.com/

印　刷　大村印刷株式会社

〈定価はカバーに表示してあります〉　〈不許複製・落丁乱丁本はお取り替えします〉

MO52-SH1-①30-52　ISBN978-4-86696-054-8